Hans Peter Riegel

ÜBER KUNST

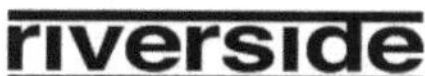

Hans Peter Riegel

ÜBER KUNST

Texte und Interviews

ISBN 978-3-9524824-4-5
3. Auflage 2021
Riverside Publishing ist eine Marke der Riverside AG

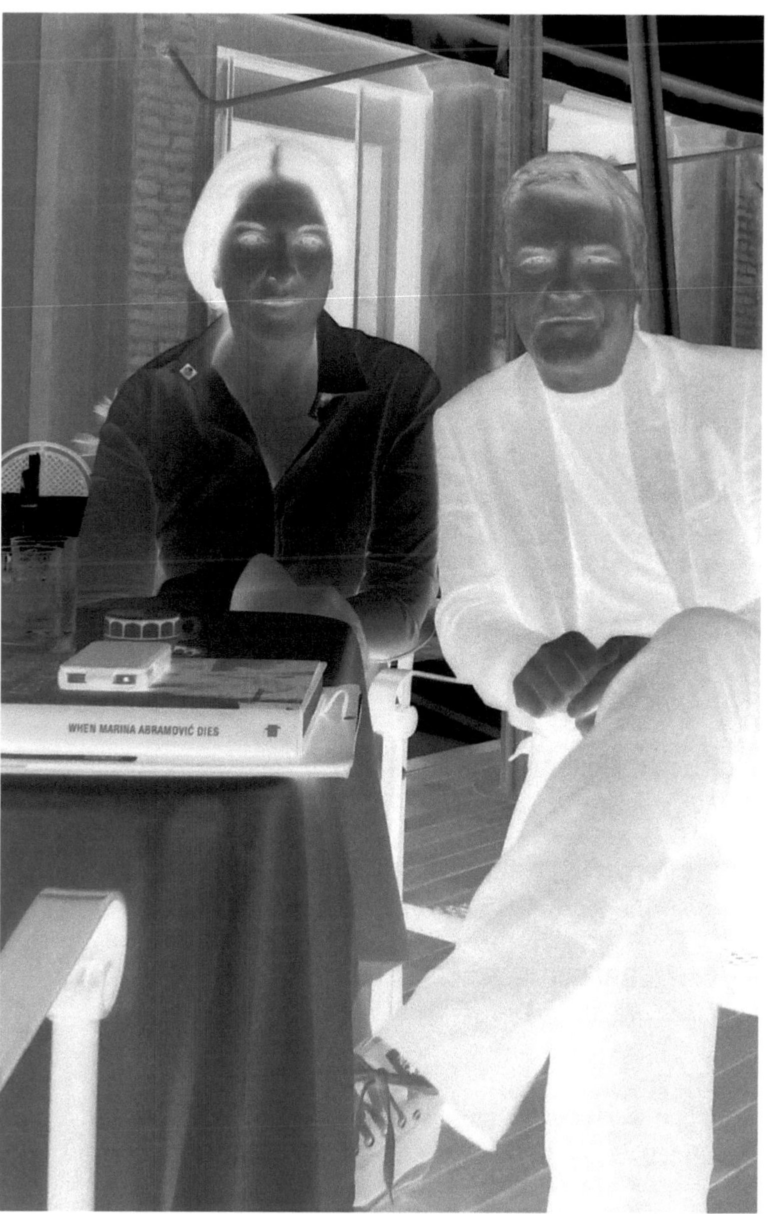
WHEN MARINA ABRAMOVIĆ DIES

Inhalt

Über Kunst schreiben.

Vorworte.

Soll man als Künstler über Kunst schreiben? Darf man? In jedem Fall ist die Sache riskant. Die Kunstwelt ist ein System, das auf einem fest geformten Rollenverständnis der Akteure basiert. Von Künstlern wird deshalb erwartet, nicht über sich selbst und die eigene Arbeit, nicht über andere Künstler und deren Arbeit und, dies vor allem, niemals über den Kunstmarkt zu schreiben.

Nestbeschmutzer waren noch nie beliebt und wer beißt schon in die Hand, die füttert.

Vielleicht ist man als Künstler tatsächlich gut beraten, den Akteuren der Kunstkritik das Feld zu überlassen. Was eine grundsätzlich sinnvolle Arbeitsteilung ist, da Schweigen für manche Kunstschaffende eine Tugend wäre. Insbesondere wenn sie von Hybris befallen sind.

Dennoch. Was ist gewonnen, wenn Kunstkritikerinnen und Kritiker, also diejenigen, die als sachverständig gelten könnten über Kunst zu schreiben, kaum mehr als sinnentleerte Wortkaskaden liefern?

Vor ein paar Jahren hatte das Satire-Magazin «EXOT» die «Buergel-Maschine» für das Internet konstruiert. Benannt nach Roger M. Buergel, dem Leiter der Documenta 12, generierte die «Buergel-Maschine» aus Sentenzen des FAZ-Feuilletons, des Kunsttheoretikers Bazon Brock sowie von besagtem Roger M. Buergel analytische Bildbeschreibungen.

Man konnte die Maschine auf jedes beliebige Bild anwenden. Heraus kamen jene verstiegenen Phrasen, die man aus dem Feuilleton, aus den Texten von Kritikern und Kuratoren kennt. Wortmüll mit dem der Acker gedüngt wird, auf dem der Kunstmarkt blüht.

Kunstschaffende befinden sich in einem ambivalenten Verhältnis zu diesen Umständen. Einerseits wissen sie um die Notwendigkeiten verkaufsfördernder Public Relations. Andererseits müssen sie eine gewisse Distanz zur Öffentlichkeit wahren, wollen sie nicht den eigenen Nimbus gefährden.

„Man muss etwas zeigen, was noch geheimnisvoll sein kann. Das bringt die Sinne in Bewegung, weil sie begreifen möchten", sagte Beuys 1969. Das Rätselhafte seiner Kunst und seiner Existenz war damals ursächlich für seinen Erfolg.

Als Beuys diese Haltung aufgab, als er zum unablässig redenden Interpreten seines eigenes Werks, schließlich zum Populisten wurde, verlor er in den Augen vieler an künstlerischem Reiz. Was ähnlich für Marina Abramović gilt, die sich als omnipräsente Medienfigur ihrer Reputation beraubte.

Mit dem Wissen um die Gefahren derart verfehlter medialer Präsenz, sollte Künstlerinnen und Künstler abgeraten sein, die Vermittlung ihres Tuns in eigene Regie zu überführen. Trotzdem äussern sich heute immer mehr Kunstschaffende zur eigenen Arbeit wie zu ihrer Rolle in der Gesellschaft und damit zu gesellschaftlichen Themen.

Vielleicht interessiert mich deshalb aus der Position des Kunstschaffenden zu schreiben, über Entwicklungen der Kunst und des Kunstmarkts kritisch zu reflektieren, Künstler-Biographien zu erforschen, kreative Akteure über ihre Motive zu befragen.

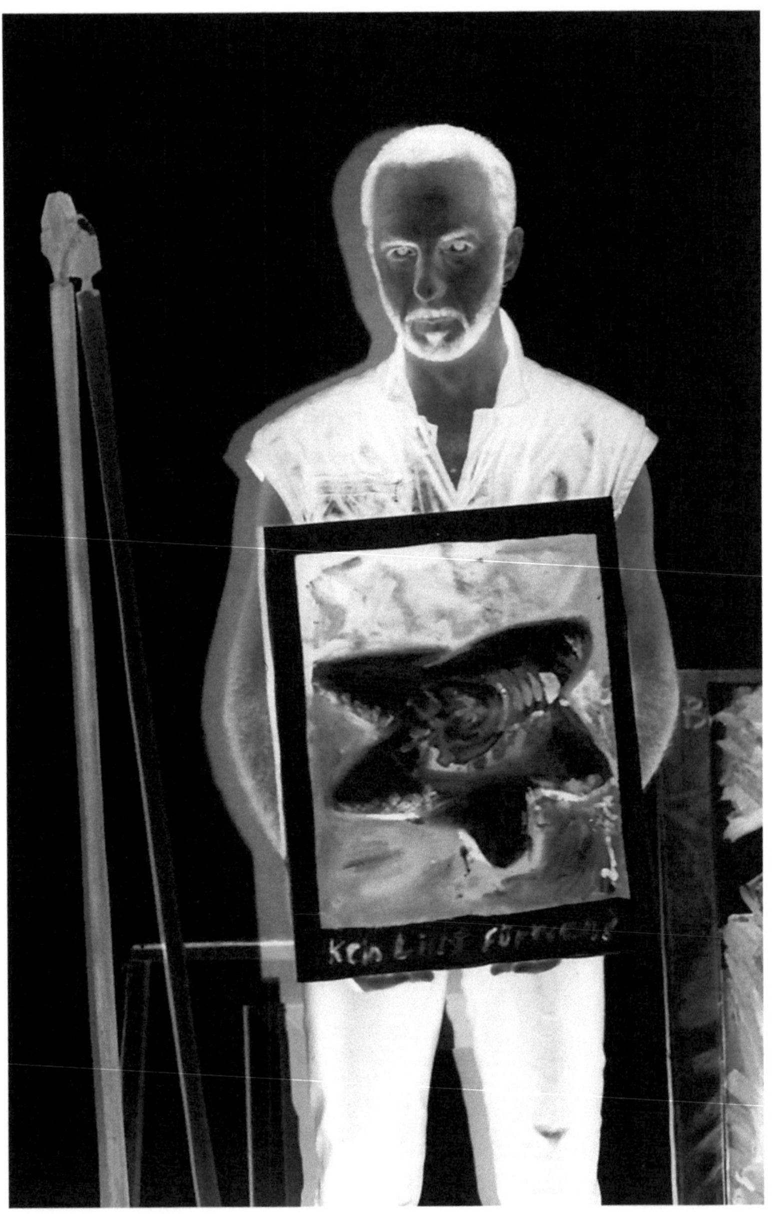

Was Kunst soll.

Interview mit dem Künstler Jörg Immendorff. 1980

Warum malst du?

Es ist doch am Anfang so, dass man sich zurückzieht, um etwas zu formulieren, das man in einer anderen Sprache nicht formulieren kann. Im Laufe der eigenen Entwicklung kommt dann hinzu, dass man mit dem was vorhanden war, nicht zufrieden war und man dem mit dem Elan der am Anfang steht, etwas entgegen setzen will, eine künstlerische Alternative finden will. Das war mein Antrieb.

Wie ging es weiter?

Erst mal waren da Wunschvorstellungen und Klischees vom Künstlerberuf, die Idee einer Bohemien-Existenz. Ich wollte aus den Zwängen ausbrechen, die man damals schon durch die Erziehung mitbekam. Darum waren die ersten Bilder naive Versuche ohne Inhalte und Ziele. Mit der Arbeit ging es entsprechend langsam vorwärts. Ich wusste nicht, wo ich stehe.

Beuys zwang mich dann nach Kriterien zu suchen. Ich musste mich fragen was er meinte, wenn er meine Bilder kritisierte. Ich begab mich in eine Art von Klärungsprozeß, bei dem ich Schritt für Schritt einen eigenen Stil, eine eigene Sprache entwickelt habe. Dadurch sah ich meine Arbeit mit der Zeit differenzierter.

Wenn ich heute den Grund nennen sollte, warum ich weiter male, ist das der, dass Malerei für mich eine sehr komplexe Möglichkeit darstellt, mich selbst zu erkunden, zu reflektieren, was um mich herum passiert und gleichzeitig eine Gegenwelt zu erschaffen, im beschränkten Rahmen der viereckigen Leinwand.

Heute wirst du als politischer Künstler gesehen. Wann hat es angefangen, dass du dich mit der Kunst politisch äußern wolltest?

Ich hatte schon zu Beginn meines Studiums an der Kunstakademie, sehr schnell zu politischen Ansätzen gefunden. Aber ich war siebzehn und musste meine Ängste erst mal überwinden, bevor ich mich äußeren und mit meinen Aktionen anecken konnte.

Man muss auch dazu sagen, dass es keine politischen Ansätze im sehr einfachen Sinn waren, etwa im parteipolitischen Sinn. Es waren Ansätze die vor allem emotionale Reaktionen auf Ungerechtigkeiten waren.

Ein Beispiel verdeutlicht das ganz gut. Damals gab es den Süsterhenn, ein Politiker der für die saubere Leinwand beim Film eintrat. Der sollte einen Vortrag an der Kunstakademie halten. Ich habe dann Bild gemalt, mit einem Adler drauf, ein Loch durchgesägt und drüber geschrieben „Süsterhenn verlassen sie Deutschland".

Da konnte jeder den Kopf durchstecken. Das war so ein Identifikationsbild des Protestes. Dessen politische Charakter definierte sich im Grunde aus der Protesthaltung, aus einer nonkonformistischen Position heraus.

Das war die politische Charakter meiner Malerei am Anfang. Der hat sich dann zugespitzt über den Widerstand gegen den Vietnamkrieg bis hin zu einer sehr kritischen, radikalen Position gegen das System.

Du sprichst von deiner maoistischen Phase, als du nur noch Agitprop-Bilder gemalt hast?

Ja, das hatte natürlich auf meine Malerei abgefärbt, als ich meine Malerei unter das Primat meiner politischen Auffassung gestellt habe. Damals geriet sich in eine für meine Kunstpraxis gefährliche Unterordnung. Ich ließ mich von Dogmen leiten, die ich zu lange nicht hinterfragt habe. Was eine Befreiung aus meinen spießigen Boheme-Ideen werden sollte, war am Ende ein Käfig.

Und heute?

Wenn ich den politischen Aspekt meiner Arbeit heute, wenn ich meiner Rolle als Künstler definieren sollte, würde ich sagen, dass diese natürlich alleine aus einer kreativen Forschung heraus, aus der Arbeit daran ständig Modelle zu entwickeln, dass das in dem konformistischen Apparat, in dieser konformistischen Landschaft heute deshalb politisch ist, weil es im absoluten Gegensatz zu dem steht, was gewisse Kreise in dieser Gesellschaft wollen.

Wen meinst du mit gewissen Kreisen?

Kreise die eben nicht Kreativität wollen, weil Kreativität stört. Bürgerliche, Rechte, Reaktionäre, die wollen halt kein Stören. Deshalb ergibt sich aus meiner Positionsmarkierung der politische Charakter meiner Arbeit.

In wie weit spielen dabei gesellschaftlichen Theorien eine Rolle?

Das fliesst ja irgendwann zusammen. Wenn ich mit den ersten Arbeiten noch sehr direkt auf Ungerechtigkeiten reagierte, dann kam im Laufe der Zeit natürlich auch eine theoretische Auseinandersetzung hinzu. Man macht sich Gedanken über die philosophischen Hintergründe politischer Systeme. Ich denke, dass ein Kampf für Gerechtigkeit einerseits rational reflektiert ist aber immer auch mit Emotionen zu tun hat.

Würdest du deine Kunst vor diesem Hintergrund in gewissem Sinn als konzeptionell sehen?

Ich glaube nicht an diese Emotionsschleudertechnik in der Malerei. Das ist dummes Zeug. Der Malprozess selbst ist eine ganz sachliche Angelegenheit. Da wird etwas komprimiert in Farbe und findet eine Form, was nicht nur die letzte halbe Stunde in deinem Kopf oder in deinem Bauch eine Rolle gespielt hat.

Man könnte sagen, dass ich in Bildern denke. Ich suche dabei Neuland, Themen die über das eigentliche Leben hinausgehen. Es werden Erfahrungen einbezogen die Jahre zurück liegen. Selbst geschichtliche Dinge spielen eine Rolle. Es ist zu simpel, dass man sagt, ich überlege mir ein Bild und male das dann oder ich bin wahnsinnig wütend und kotze meine Wut in einer Viertelstunde auf die Leinwand.

Aber wenn ich vor der Leinwand stehe, habe ich ein Gegenüber vor mir, das ich überwinden muss. Das ist machmal ein zähes Ringen. Das geht nicht ohne Konzept. Trotzdem gibt es nicht diese Linie von der Skizze zum fertigen Bild.

Wenn sich Dinge im Bild verändern, die Postionen von Figuren oder Perspektiven, wenn Elemente die ich vorher gar nicht im Sinn hatte hinzu kommen, dann passiert das oft unbewusst. Am Ende kann das Bild einen anderen Ausdruck haben, als ich mir den am Anfang vorgestellt habe. Wobei ich meine ursprünglichen Gedanken oder meine anfängliche Konzeption fast immer wiederfinden kann.

Ich sehe dich mit großer Energie malen. Steckt da nicht auch eine Geste, eine gewisse Wut drin?

Ja natürlich muss da was raus. Natürlich ist da immer noch eine Dringlichkeit, ein gegen Widerstände anmalen. Aber das allein als Motivation, das reicht nicht aus für gute Bilder.

Welche Widerstände?

Irgendwie malt man immer gegen die an, die die Kunst, verachten. Für die sind wir gefährlich. Da gibt es immer noch das große Mißtrauen, von der Politik zum Beispiel.

Welche Politik?

Politik, die Kunst ermöglicht oder eben auch verhindert. Da muss man aufpassen, wer die Finger im Spiel hat, wenn neue Museen gebaut werden, wer Kunstankäufe finanziert, wer welche Gesetze macht.

Wie erlebst du das Publikum, die Betrachter deiner Bilder? Willst du da irgendeine Beziehung aufbauen?

Das ergibt sich immer wieder neu. Ich suche ja keine anonyme, große Sehschar. Ich bin vielmehr der Überzeugung, dass ich der klarsten Formulierung meiner Auffassung am ehesten Zugang finde zu Menschen oder dass ich dabei Gelegenheit gebe, dass Menschen Zugang zu mir finden.

Also ist das eine Wechselbeziehung. Denn ich gucke mir ja nicht irgendeine Zielgruppe aus. Was allerdings schon einmal der Fall war. Im Laufe einer gewissen politischen Entwicklung dachte ich, jetzt mache ich was für die werktätigen Massen und habe mich dabei ganz aus dem Spiel gelassen.

Deine Agitprop-Phase?

Ja, damals habe ich meine eigene Überzeugung, meine eigene Emotion, mein eigenes Wollen, mein eigenes Wünschen weg gelassen und dachte ich male jetzt nur für die Zielgruppe.

Und das hat nicht funktioniert.

Das hat nicht funktioniert, weil die werktätigen Massen nichts von Kunst wissen wollten. Deshalb glaube ich heute, dass es eine Wechselwirkung sein muss. Dass ich von dem Gegenüber als menschlichem Wesen genau so viel erwarte, wie der von mir.

Ist in diesem Sinn Vermittlung für dich wichtig,
dass die Betrachter die Einzelheiten deiner Bilder
verstehen, sie regelrecht lesen können?

Für dieses rationale Begreifen gäbe es bessere Medien. Das könntest du in Form eines Flugblattes machen. Ich glaube schon, dass es zur Arbeit mit einem Bild, zum Betrachten eines Bildes sicherlich auch der Verstand gehören kann.

Es ist doch klar, dass auf der anderen Seite auch ein Entblößen des Betrachters erforderlich ist, dass er sich innerlich frei macht, um offen zu sein für die Anregungen die von einem Bild ausgehen können.

Ich setzte also ganz bewußt auf einen Aktivposten auch beim Gegenüber, dass der mit dem Material was ich ihm gebe arbeiten kann und dass er wiederum in der Lage ist, Material von sich abzugeben was ich irgendwo wiederfinden kann.

Es muss schon den Rahmen dieses engen Dialogs sprengen, wenn sich Auswirkungen bei einem Bild ergeben, über die ich irgendwo in der Aktivität anderer Menschen wieder stolpere und die mich wieder anregen. Im Grunde ist es ein großer, gemeinsamer Prozeß von geben und nehmen.

Du glaubst also, Kunst könnte eine gesellschaftliche Wirkung erzielen?

Ja, das hoffe ich doch schwer. Das ist ja meine Triebfeder. Wenn ich nicht an einen Sinn meiner Aktivitäten glauben würde, würde ich mich in die Ecke setzen.

Ich glaube daran, dass so lange Menschen kreativ sind und zwar nicht wertfrei kreativ, sondern dass sie kreativ sind in Richtung auf den anderen Menschen, dann bedeutet das die ureigenste Grundlage menschlichen Zusammenlebens. Alles andere ist ja nur zusammen rumsumpfen, zusammen in der Herde trotten. Das ist für mich der eigentliche Sinn von Kunst, sich dagegen zu stemmen.

Die modernen Medien spielen heute eine wesentliche Rolle, wenn es darum geht Inhalte zu entwickeln und zu transportieren. Hältst du Malerei in diesem Sinn immer noch für ein überzeugendes Medium?

Überzeugend kann Fotografie, kann Film sein, kann die verbale Kommunikation sein. In wie weit Medien überzeugend sein können, hängt von dem Kern ab, was das Medium vermitteln kann.

Man sagt ja immer, heute auf dem Stand der total technisierten, vollgeschissenen Medienlandschaft, wo du vor lauter Videorecordern, Stereo- und Fernsehanlagen nicht mehr weißt wo es lang geht, heute sei die Malerei am Ende. Ich glaube aber schon, dass die Malerei immer noch ein relevantes Medium ist.

Das zeigt auch aktuell, warum Malerei wieder auf so großes Interesse stößt. Ich glaube, dass das bestimmte Gründe hat, dass die Leute entdecken, die eigene Aktivität wieder zu schätzen, dass zum Beispiel Abiturienten wieder anfangen zu schreiben. Da hinter steckt ein ganz tiefes Bedürfnis der Menschen zu eigener Identifikation per eigener Handarbeit zu kommen. Von der angepassten Arbeit weg zu einem Erlebnis, selbst etwas zu schaffen.

Deswegen hat die Malerei einen besonderen Stellenwert, weil sie im Gegensatz zur Fotografie der Erfindung ungeheuren Spielraum lässt

Welche Medien interessieren dich neben der Malerei?

Augenblicklich arbeiten wir ja mit dem Medium des Interviews. Anderseits gab und gibt es diverse Entwicklungen aus meiner Arbeit heraus.

Es gab eine Periode in den sechziger Jahren, da habe ich mich der Aktionsform bedient. Dann kamen plastische Elemente hinzu. Natürlich arbeite ich mit Zeichnung aber auch mit Texten, mit Spruchformen, was dann schon ins Poetische hinein geht. Das heißt mich interessiert schon eine Vielfalt der Medien.

Du schreibst in deine Bilder.

Die Bilder sind für mich eine erzählerische Form. Du kannst manche Bilder wie Comic-Hefte lesen.

Ist das nicht zu banal für den gehobenen Kunst-Anspruch?

Banal? Dann kannst du auch Warhol banal finden. Aber vielleicht ist banal gar nicht falsch. Die Parolen sind ein dramaturgisches Mittel, mit dem ich einen offensiven Beitrag zur Kunst leisten kann. Ich will dem Betrachter auch mit den Sprüchen Material geben, das ihn anregt. Wenn das Banale provokativ ist, kann man das machen.

Wie denkst du über Medien der Massenkommunikation als künstlerisches Ausdrucksmittel, zum Beispiel Video?

Deine Frage beinhaltet schon eine Lastigkeit in Hinsicht auf Massenkommunikation. Ich glaube nicht, dass man mit Kunst eine Form der Massenagitation betreiben kann. Die künstlerischen Medien richten sich eben auf eine intensivere Arbeit. Die wehren sich im Grunde gegen eine Verflachung, gegen eine Verbreitung die irgendwo auch eine Verflachung mit sich führt.

Also bist du ein Traditionalist?

Wenn du damit meinst, dass ich Malerei höher gewichte, als andere künstlerische Medien, bin ich Traditionalist. Wobei ich mir aber vorstellen kann, dass es Filme über Maler gibt, die informativ sein können oder dass man Ergebnisse malerischer Arbeit koppeln kann mit Dias oder Video.

Moderne Medien sind für dich keine Option?

Man muss das von Fall zu Fall entscheiden. Wobei ich mir vorstellen kann gewisse Medien einzusetzen, also Fotografie oder Video, wenn damit eine echte Verbindung zu meiner Arbeit hergestellt wird.

Im letzten Semester hattest du eine Gastprofessur in Hamburg. Was bedeutet für dich die Arbeit mit Jugendlichen? Ich denke da auch an deine Zeit als Kunsterzieher an einer Hauptschule.

Pädagogik hat mich schon von Anfang an interessiert, in dem Sinn, dass die Arbeit in einen größeren pädagogischen Prozess eingebettet ist. Der nicht so funktioniert, dass der Lehrer seine Klasse vor sich hat und irgendwas verkündet, sondern, dass man sich gegenseitig anregt. Pädagogik heißt ja nichts anderes als lehren und lernen.

Von daher sucht man sich einen Punkt, an dem man das praktizieren kann. Deshalb bin ich damals zu einer ganz normalen Schule gekommen, wo man das sehr konzentriert praktizieren kann. Wobei man dort sofort in Widerspruch zu pädagogischen Auffassungen steht, die vorgegeben sind.

Das führte dazu, dass ich von der Schulpraxis weg gekommen bin, zu einer Form der Auseinandersetzung in kleineren Gruppen. Deswegen interessiert mich die Arbeit an einer Hochschule.

Demnach glaubst du, dass man Kunst lehren kann?

Sicherlich nicht in dem Sinn wie man Mathematik oder Rechtschreibung lehren kann. Dieses Lehren kann sehr kompliziert sein, kann sehr langwierig sein, kann über Umwege führen. Ich glaube nicht, dass man das auf eine Weise machen kann, die sich aufschlüsselt in Didaktik und Methodik.

Ein junger Mensch der kreativ ist und das Bedürfnis hat Künstler zu werden, benötigt also keine Lehre? Man kann nicht sagen, dem bringe ich jetzt noch etwas bei?

Bei Menschen die das Bedürfnis haben sich künstlerisch zu artikulieren, muss eine tiefe Motivation vorliegen. Dann kann ich ihn natürlich anmachen, heiß machen durch meine eigene Praxis. Aber die beste Motivation liegt nun einmal bei ihm selbst, dann kann er offen sein für meine Anregungen, dann kann ich schon etwas bewirken.

Ich habe Freunde die wesentlich jünger sind als ich, die nie etwas mit Kunst zu tun hatten und die auf Grund meiner Praxis Lust bekamen auch so was zu probieren. Dann aber entscheidet die eigene Notwendigkeit, die Notwendigkeit bei den Leuten selber das zu tun. Nicht in dem ich ihm die Hand führe und ihm zeige so geht eine Figur.

Elementare Grundlagen wie Aktzeichnen zählen für dich nicht?

Eine meiner ersten Aktionen an der Kunstakademie war, dass ich die Aktmodelle verbaut habe. Das war eine Reaktion auf dieses konventionelle, sture schulische Vorgehen. Es war nicht damit gemeint, dass man nicht handwerkliches Training braucht, dass man handwerkliche Fähigkeiten übt.

Nur was sollen handwerkliche Fähigkeiten, die ohne Sinn und Verstand vermittelt werden, ohne Anliegen? Das bleibt dann eine reine Formfrage.

Es gibt ja diese typischen Manieristen, die wahnsinnig perfekt und schnieke irgendwelche Holzfigürchen schnitzen können, dabei bleibt es dann aber auch. Das ist Arbeit ohne Seele. Ich sehe eine Fertigkeit deshalb nur ganz eng verzahnt mit einem Anliegen. Alles andere ist Humbug.

Anliegen sind schwer verkäuflich.

Das kann man so sehen.

Was würdest du einem jungen Künstler raten, der ein Anliegen hat, ein politisches beispielsweise, und der deswegen nicht bereit ist, sich auf die Mechanismen des Kunstmarkts einzulassen?

Dem würde ich erst mal sagen, wenn er gute Gründe hat, dann soll er es lassen.

Nur wird er dann seine Kunst nicht zeigen können. Jedenfalls nicht in für die Wahrnehmung von Kunst relevanten Zusammenhängen. Die Mechanismen des Kunstmarkts werden das nicht möglich machen oder das sogar verhindern können.

Diese so genannten Steuerungsmechanismen und Machtfaktoren gegenüber unbequemen Äusserungen das ist natürlich sehr kompliziert.

Der Kunstmarkt ist ja kein monolithischer Block. Der setzt sich zusammen aus eine Vielzahl von Galeristen mit den unterschiedlichsten Interessen. Da gibt es natürlich Dealer, die könnten auch mit Bananen oder Teppichen handeln.

Der Schneidepunkt ist da, wenn ein Händler sagt, du mußt deine künstlerische Position verbiegen damit die Ware Bild leichter verkäuflich ist.

Das ist dir nie passiert?

Schmela hat mich mal rausgeworfen, weil ich keine Hommage an ihn pinseln wollte, als er Geburtstag hatte. Damals war ich noch Student und Schmela der wichtigste Galerist. Der hat mich dann fallen gelassen. Es ist also schon eine Frage, wie man mit einem Galeristen zusammenarbeiten kann.

Wenn man einmal die interessante Beziehungen von Kunsthändlern und Künstlern wie Kahnweiler und Picasso sieht, dann kann ich mir nicht vorstellen, dass der Kahnweiler mit einem harmloseren Picasso umgehen wollte, nur weil er ihn besser verkaufen kann.

Ich denke, dass in der Beziehung von Künstlern und Galeristen die Tiefe der Zusammenarbeit eine Rolle spielt. Die Tätigkeit der Galeristen beschränkt sich ja nicht nur auf den Verkauf von Bildern. Er vertritt damit auch eine Position.

So wie dein Galerist Michael Werner.

Das ist der Grund, warum wir zusammenarbeiten. Ohne Engagement gehts bei dem auch nicht.

Und wie ist es mit den Medien? Sind die ausschlaggebend, wenn es darum geht künstlerischen Entwicklungen und Kunst-Karrieren zu torpedieren oder zu fördern?

Wie ein Satz eines Freundes oder wie ein Film oder wie eine Begegnung auf der Straße, können dich natürlich auch Medien beeinflussen.

Wenn ich zum Beispiel an die Zeit meines Studiums denke, als die Pop Art aufkam, damals haben wir die spezifischen Kunstzeitschriften verschlungen. Diese Sachen haben uns ungemein interessiert und den ein oder anderen beeinflusst.

Warhol ist ja ein Medien-Phänomen. Auch bei Beuys läuft wahnsinnig viel über die Medien. Er profitiert extrem von seiner Präsenz in den Medien. Jetzt ist die Malerei dran. Du merkst überall, wie Zeitungen und Zeitschriften auf deren Comeback Auswirkungen haben.

Welchen Stellenwert haben Medien, wenn es darum geht, deine eigenen Arbeiten zu propagieren?

Die eigenen Arbeiten propagieren sich in erster Linie selbst, durch die Konfrontation mit dem Betrachter. Alles andere was daneben läuft oder hinzu kommt, sollte in eine Propaganda für eine erneute Begegnung an einem anderen Ort münden.

Die Arbeit mit Presse oder Rundfunk und Fernsehen sehe ich nur darin, dass ich die Gelegenheit nutze, um Menschen wieder an meine Arbeit heran zu führen. Das Medium selbst kann ja nur eine Abschwächung sein. Wenn du die Abbildung eines Bildes siehst, kann die nicht das Bild ersetzen

Ist die Wertsteigerung deiner Werke durch ihre mediale Verbreitung kein Aspekt?

Ich glaube nicht, dass sich durch irgendwelche Propaganda eine Wertsteigerung erzielen lässt. Da spielen andere Faktoren eine größere Rolle. Wie seriös du arbeitest, ob man deine Bilder im Ausland schätzt, wie du bei den Museumsleuten wahrgenommen wirst.

Aber es gibt eine zunehmende Kommerzialisierung der Kunst, die damit zu tun hat, dass Künstler heute mehr am Materiellen interessiert sind.

Bist du das nicht auch? Die Preise deiner Bilder sind zuletzt gestiegen.

Wenn mit den steigenden Preisen eine Wertschätzung für meine Arbeit verbunden ist, kann ich das akzeptieren. Das ändert jedoch nichts an meiner Position, die ich immer noch außerhalb einer bourgeoisen Gesellschaft sehe, die an Dekoration und nicht an Inhalten interessiert ist. Ich bin schließlich kein Hofmaler.

Für mich ist der Verkauf von Bildern erst mal eine Möglichkeit neue Produktionsmittel zu bekommen. Geld interessiert mich deshalb nur, weil ich für mein Atelier Miete zahlen muss, weil die Leinwände auch nicht billig sind. Ich brauche gute Pinsel und Farben. Deshalb verkaufe ich meine Arbeiten, sonst läuft da nichts.

Wie ist es dem eigenen Bild in der Öffentlichkeit, mit dem Ruhm, der mit den steigenden Preisen für deine Werke zum Ausdruck gebracht wird?

Es freut mich, dass man mich inzwischen zur Kenntnis nimmt. Mehr nicht.

(Anm. Das Interview wurde zu einem Zeitpunkt geführt, an dem Immendorffs endgültiger, kommerzieller Durchbruch im Kunstmarkt noch nicht absehbar war.)

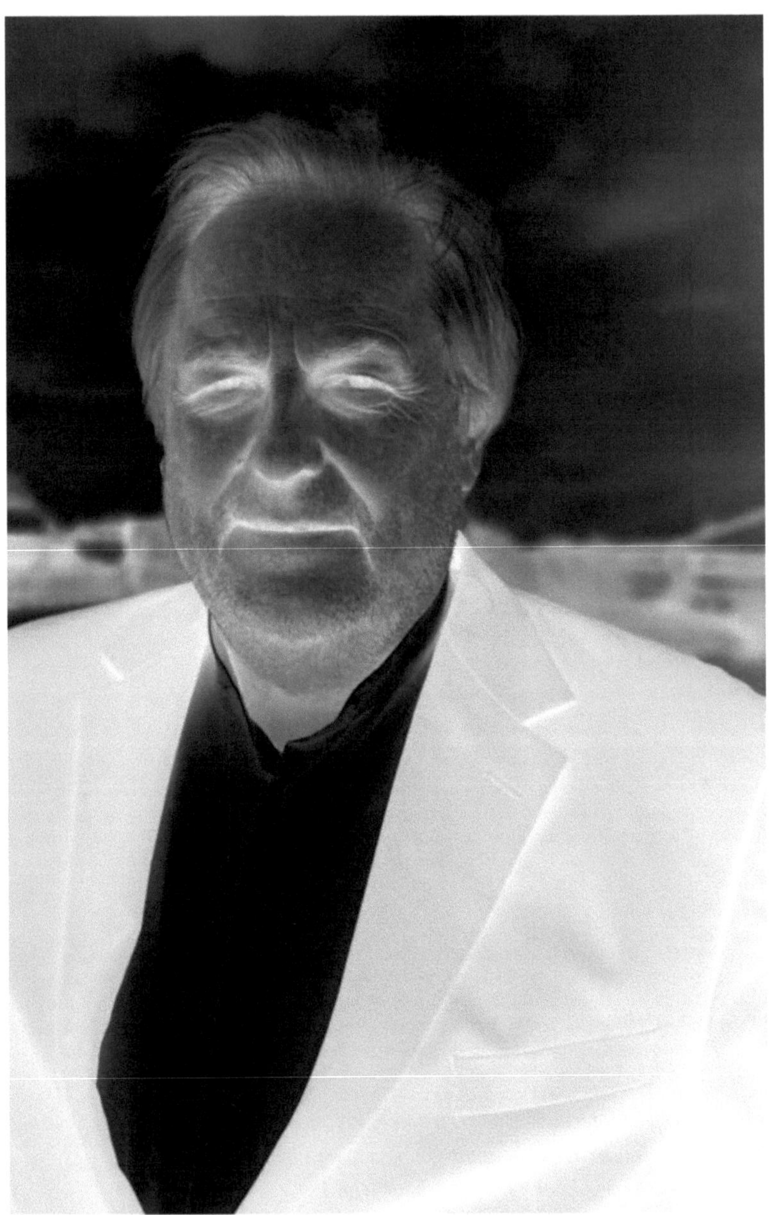

Der Samariter.

Über den Kunstberater Helge Achenbach und sein Verhältnis zu Immendorff. 2010

Achenbachs Büro erstreckt sich über die beiden oberen Etagen eines Bürogebäudes, im sogenannten Düsseldorfer «Medienhafen». Durch den architektonischen Kunstgriff die obere Ebene des Büros ein paar Meter zurückversetzt von der Verglasung der Gebäudefront zu gestalten, entstand ein hoher Raum mit hohen Fenstern, die einen weiten Panoramablick auf die Stadt, den Rhein und den Hafen gewähren.

Eine junge Assistentin hat mich ein einem wuchtigen Tisch aus hellem Edelholz platziert, auf dem sich ein paar Stapel mit Kunstbänden befinden. Zahlreiche umgedrehte, an die Wände gelehnte Bilder, kleinere Skulpturen auf dem Fenstersims, darunter einige Immendorff-Affen.

Durch eine gläserne Trennwand kann ich Achenbach sehen, während er in einem anderen Raum umherlaufend telefoniert. Er lässt mich warten. Sein Verhalten wirkt aufgesetzt.

Der Mann sieht nicht gut aus. Aschfahle Haut, das Gesicht verlebt, immer schon ein wenig feist, jetzt massiv übergewichtig. Seine Begrüssung ist auf rheinische Art jovial. Ungefragt erwähnt er, kürzlich Altkanzler Schröder getroffen zu haben und dass die Geschäfte bestens laufen. Im gleichen Atemzug beklagt er den Preisverfall bei Immendorff. Gursky hingegen verkaufe sich gut. Ich stelle mir Achenbach mit Schröder und Putin vor.

Er gibt den großen Player und doch erinnert sein Gebaren mehr an einen alerten Gebrauchtwagenverkäufer. Achenbach will smart wirken. Nur fehlt ihm dazu die Coolness.

Wir plaudern ein wenig über die Kunstszene. Schon als Student habe er sich in Galerien herumgetrieben. Wobei ihn mehr die Vernissagen als die Kunst interessierten. Die Atmosphäre habe in fasziniert. „Als ich dann mit bekannten Künstlern reden durfte, war ich plötzlich in einem völlig neuen Kosmos.“

Die Begeisterung darüber Teil dieses Kosmos zu sein, vermag der ehemalige Sozialpädagoge kaum zu unterdrücken. Und das illustriert sein Problem. Achenbach ist in der Kunstszene ein Aussenseiter geblieben. Ein Zugereister der die Lokalrunden schmeisst, um sich beliebt zu machen. Jedenfalls habe ich in den etablierten Kunstzirkeln noch niemanden getroffen, der ihn wirklich ernst nimmt. Wobei man gerne, wenn es sich ergibt, Geschäfte mit ihm macht. Insbesondere bei der künstlerischen Resteverwertung. Bei zweitklassigen Werken soll er gelegentlich Mondpreise zahlen, weil es ihm an Fachwissen fehle.

Wegen solcher Geschäfte will ich mit Achenbach sprechen. Über den massenhaften Verkauf von mediokren Affenskulpturen und ein paar andere, seltsame Transaktionen, mit denen er die Kasse des Künstlers Jörg Immendorff in dessen letzten Lebensjahren füllte.

Ihre Beziehung begann in den frühen neunziger Jahren, als die Stadtverwaltung von Düsseldorf für die Umwandlung des ehemaligen Hafengeländes in den «Medienhafen» Investoren suchte. Ein ambitioniertes städtebauliches Projekt, das auf Anregung des Werbers Thomas Rempen mit einer Ansammlung architektonisch hochwertiger Solitär-Bauten Unternehmen der aufstrebenden Medien- und Telekommunikations-Branchen nach Düsseldorf bringen sollte.

Bei der Vergabe der Grundstücke wurden Anbieter bevorzugt, die mit einem möglichst herausragenden architektonischen Beitrag aufwarten konnte. Rempen selbst engagierte für sein eigenes Projekt zunächst die avantgardistische, irakische Architektin Zaha Hadid. Nachdem sich deren Entwurf als nicht realisierbar erwies, beauftragte er dem Amerikaner Frank O. Gehry. Dessen Gebäude-Ensemble ist heute eines der Wahrzeichen Düsseldorfs.

Auch Immendorff bekam 1992 die Chance, sich um eines der begehrten Grundstücke zu bewerben. Weder ein Investitionsvolumen im zweistelligen Millionenbereich, noch mangelndes ökonomisches Wissen schreckten ihn davon ab, seinen Hut in den Ring zu werfen. Obwohl er schon damals finanzielle Probleme hatte, beauftragte er den amerikanischen Star-Architekten Peter Eisenman, welcher später das Holocaust Mahnmal in Berlin baute, mit dem Entwurf für das «Haus Immendorff».

Immendorff beabsichtigte eine Art Kulturzentrum mit stark gastronomischer Akzentuierung zu realisieren. Seine Vorstellungen waren Ausdruck eines eigentümlich biederen Geschmacks: „Es soll einen Club geben, den ich ableite von dem traditionellen englischen Club. Der Club wird sich darstellen als eine Mischung aus Wiener Kaffeehaus und Nachtklub", so Immendorff.

Eisenmans Entwurf mit seiner kühlen, transparenten Konzeption und seiner komplexen Raumstruktur wirkte dann jedoch wie eine Gegenwelt zu Immendorffs Ideen von englischem Club und Wiener Kaffeehaus. Erwartungsgemäß konnte sich der Konstruktivist Eisenman nicht mit den Ideen Immendorffs anfreunden.

Doch der inhaltliche Dissens mit dem Architekten war nicht die Ursache von Immendorffs Scheitern mit dem Projekt. Einfach gesagt, war es mehrere Nummern zu groß für ihn.

Ohne eigene Mittel stand die Realisierung des Vorhabens von Anbeginn auf tönernen Füßen. Also versuchte Immendorff bei reichen Gönnern aber auch von dubiosen Figuren der Unterwelt Geld zu beschaffen. Die Mittel blieben aus und Immendorff musste befürchten, dass seine eigene Denkmalsetzung ante mortem begraben wurde.

In dieser Situation erlangte Achenbach Bedeutung, der zuvor nur an der Peripherie von Immendorffs Wahrnehmung erschienen war. „Ich habe Jörg Im Ratinger Hof kennengelernt, dass muss etwa 1973 gewesen sein. Er hielt dort Hof und ich war erstaunt, wie er als Maoist mit Goldkettchen behängt herum lief. Wirklich kennengelernt habe ich allerdings erst Jahre später".

Achenbach irrt, denn Immendorff hielt zu besagter Zeit in einer Kneipe namens «Weißer Bär» Hof, was auch mit dem Bären-Sujet verbunden war, das er in für sein Lidl-Projekt erfunden hatte. Zudem hatte Achenbach erst gegen Ende der siebziger Jahre gelegentlich versucht, sich Immendorff anzunähern, wenn er sich ungebeten zu ihm gesellte und einen Gesprächsversuch startete. Wobei ich selbst erlebte, wie er Immendorff mit seiner kumpelhaften Anmache auf die Nerven ging.

Damals war Achenbach bereits im Kunstgeschäft und gleichzeitig schon eine umstrittene Figur. Er handelte mit Kunst, indem er Neubau-Immobilien mit Kunst aufpeppte. Achenbach hielt nach Bauprojekten Ausschau, um deren Bauherrn ein künstlerisches Upgrade zu verkaufen. Wobei er sich als nicht immer geschmackssicher erwies. Es ging wohl mehr um Kasse als um Kunst bei dem, das er Art-Consulting nannte. Aus Sicht von Immendorff verhökerte Achenbach Kunst am Bau und war damit indiskutabel.

Die Gelegenheit mit Immendorff ins Geschäft zu kommen schien sich erstmals zu ergeben, als Achenbach 1985 von der Landeszentralbank gebeten wurde, für die Neugestaltung des Platzes «Der Deutschen Einheit» in Düsseldorf, lokale Kunst-Grössen anzubieten. Immendorff suchte zur gleichen Zeit nach Geldgebern für seine großvolumige Bronzeplastik «Brandenburger Tor».

In diesem Moment kam ihm Achenbach gelegen, der bereit war, auch Immendorffs Plastik vorzuschlagen. Die Bank und die Stadtoberen entschieden sich jedoch gegen den immer noch als politisch heikel geltenden Immendorff und für einen nichtssagenden Brunnen von Heinz Mack. Erst eine Dekade später fanden Achenbach und Immendorff, bei dem Hafenprojekt erneut zusammen.

„Ich glaube es war 1995“, erinnert sich Achenbach, „da kam der Hafendirektor auf mich zu, nachdem Jörg mit dem Eisenman-Bau in Realisationsproblemen steckte. Ich habe ihm angeboten ein Gebäude für ihn zu bauen, das Chipperfield entworfen hat. Dort wurde später das «Atelier Immendorff» eingerichtet, das er aber nicht benutzte. Er hat nur Atelierpartys darin organisiert.

1998 rief mich dann ein Bankvorstand an, es gäbe Schwierigkeiten mit einer Finanzierung bei Immendorff. Ich hab dann ein großes Konvolut von sehr guten Bildern in eine Sammlung einbringen können. Auch für die Affen-Skulpturen habe ich einen Financier gefunden, der eine dauerhafte finanzielle Sicherung darstellte.“

Achenbachs Darstellung der Umstände wirkt insofern zu altruistisch, als er schließlich Eigentümer des Gebäudes wurde, welches auf dem für Immendorff vorgesehenen Grundstück errichtet und nach Immendorff benannt wurde. Zudem waren die meisten der Bilder zweite Wahl. Letztlich wurden die Partys, als Restbestand der «Atelier Immendorff»-Idee, allein mit Immendorffs Namen verbunden. Es handelte sich kommerzielle Veranstaltungen, die von Achenbachs Gastronomiepartner Rainer Wengenroth durchgeführt wurden.

Unstrittig ist, dass Achenbach für die wirtschaftliche Gesundung Immendorffs Sorge trug. Vielleicht aus ehrlich empfundener Sympathie aber auch nicht, ohne sich hierfür Rückvergütungen zu sichern.

Zum einen mit der Nutzung von Immendorffs Affenmotiv als Signet für seine unternehmerischen, beziehungsweise gastronomischen Aktivitäten. Zum anderen schuf sich Achenbach einen sehr unmittelbaren Zugang zu Immendorffs Oeuvre, auf das bis zu diesem Zeitpunkt Immendorffs Galerist Michael Werner einen weitgehend monopolistischen Anspruch zu haben schien.

„Jörg hatte massive Geldproblem und Michael Werner hat in den neunziger Jahren, ich weiß nicht warum, weniger für Jörg tun können. Ich glaube, das hat Jörg sehr enttäuscht", so Achenbach.

Darüber hinaus gab es inhaltliche Differenzen zwischen Werner und Immendorff, die sich aus der fortschreitenden Kommerzialisierung von dessen Kunst nährten.

Michael Werner sah hierfür Achenbach mitverantwortlich: „Dann kam die Schwemme der Affenskulpturen. Ich war daran nicht interessiert - also hat er sich damit an Achenbach gewandt", erinnert sich Werner. „Vergrößerungen, Verkleinerungen, Varianten - ich habe Immendorff mehrfach geraten, seinen Ruf nicht zu beschädigen. Aber darum hat er sich nicht gekümmert, vielleicht auch, weil ihm das alles zu viel war."

Achenbach sieht die Dinge anders: „Michael Werner mochte anfangs die Entwürfe der Affenskulpturen nicht. Nachher, als er dann merkte, dass diese positive Resonanz erwirkten, hat er sie in einer Ausstellung in seiner Galerie gezeigt. Jörg hatte Freude an den Affen, hat immer neue entworfen und ich habe ihm dann geholfen, diese zu produzieren. Irgendwann rief mich Michael Werner wieder an und sagte, das würde jetzt zu viel, ich solle das mal bremsen. Ich war gegenteiliger Auffassung."

Achenbach erschloss für Immendorff neue Sammlerkreise, also neue Geldquellen. Bald wurden die beiden, „dicker miteinander", so Achenbach. Er lud Immendorff nach Fuerteventura ein, stellte dort die Affen auf, wurde Immendorffs Trauzeuge und eilte in das Atelier des Meisters, wenn dieser wieder einmal Cash brauchte. Als Gegenleistung stellte Immendorff sein Affen-Motiv als Label den Achenbachs gastronomische Aktivitäten zur Verfügung und gab mitunter den Grüßgottaugust für seinen Gönner, bei dessen Events.

Das Affen-Motiv fand sich schließlich auch auf den Aktien von Achenbachs «State Of The Art AG». Selbstredend beglückte der ökonomische Laie Immendorff die Presskonferenz zum Launch dieser Aktiengesellschaft, die später sang und klanglos von der Bildfläche verschwand.

Vor allem jedoch erlaubte er Achenbach nach und nach die fast unbeschränkte Produktion seiner Affen-Plastiken, die nicht wenige Kunstexperten, für einen künstlerisch abseitigen Witz halten. Immendorff schien das nicht wesentlich zu belasten, weil er die Einnahmen dringend brauchte.

Man mag Achenbach eine freundschaftlich gefärbte Blauäugigkeit zugestehen, wenn es um die Geldbeschaffung für Immendorff ging, wenn er einräumt: „Ich dachte immer, Jörg habe das Geld für Behandlungen gebraucht, wenn er mich immer wieder anrief und mich um Bares neuen Therapien anging. Dass er riesige Summen für Drogen und für seine Sexparties benötigte, wurde mir erst während dem Prozess bewusst."

Dennoch wird Achenbach, der sich ständig in Immendorffs Entourage tummelte, um dessen private Präferenzen gewußt haben. Wie in Düsseldorf auch Geraune um Achenbachs eigene Ausschweifungen zu vernehmen ist.

Evident, dass Achenbach von dubiosen Geschäften wußte, die Immendorff wegen seines notorischen Geldbedarfs mit seinen Werken betrieb. „Das Jörg gegen Cash aus dem Atelier verkauft hat, war ein offenes Geheimnis in der Düsseldorfer Kunstszene. Sein Lebensstil ging nicht einher mit seinen Einkünften, also brauchte er ständig frisches Geld.“

Dass er hierzu mit den Affen-Devotionalien Immendorffs künstlerischen Ruf endgültig ruinierte, scheint Achenbach nicht zu kümmern, sieht er sich doch in der Rolle des Samariters, der alles daran setzte dem leidenden Künstler unter die Arme zu greifen: „Von etwa 1997 bis zu seinem Tod hatte ich fast täglich mit Jörg zu tun. Während Jörgs Prozess bin ich jeden Morgen zur Verhandlung gegangen, habe ihm damit ein Zeichen der Unterstützung gegeben, ich fühlte mich da in der Pflicht.“

Obschon sich andere Beobachter nicht an dessen permanente Anwesenheit erinnern können, wird Achenbachs Mühe nicht allein Altruismus gewesen sein. Schließlich würden die Preise für Werke des todkranken Künstlers absehbar steigen. Wohl hoffte er auf ein Stück von dem Kuchen, in dem er Immendorffs Nähe suchte.

„Nachher, als es dem Ende zuging, bin ich meistens nachmittags zu ihm gegangen. Er hatte aber nur noch Kraft für eine halbe Stunde. Dann liess er sich hinunterbringen. Ich glaube auch, weil allein sein wollte.“

Ungünstig für Achenbach, dass Immendorff keine Loyalität kannte. Insbesondere nicht, wenn es um Geld und seinen Nachruhm ging. Folglich ernannte er Michael Werner, dem er die größere Kunst-Kompetenz zutraute, zum Verwalter seines künstlerischen Erbes während Achenbach die unsäglichen Affen-Skulpturen blieben.

Affenschande.

Über die dubiosen Geschäfte mit den Affen-Plastiken von Jörg Immendorff. 2015

Er fand sie grauenhaft. Galerist Michael Werner hielt wenig von den Affenplastiken seines Künstlers Jörg Immendorff. Umso erstaunter dürfte er gewesen sein, als eine dieser Plastiken mit dem höchsten, jemals für eine Immendorff-Bronze erzielten Auktions-Preis von 288.750 Euro einen Käufer fand. Rekorderlöse vermeldete das Auktionshaus Van Ham auch für die anderen, der 50 Bronze-Affen, aus der Konkursmasse des Kunstberaters Helge Achenbach, die im Juni unter den Hammer kamen.

Obwohl nicht nur künstlerische Zweifel an den Skulpturen bestehen, kündigt Van Ham für den 30. September erneut fünf überlebensgrosse Exemplare der Affen als Hauptattraktion der Achenbach XXL-Auktion an.

Warum Skepsis angebracht ist zeigten Recherchen des Handelsblatts, die im August nach Zürich zu einer Galerie namens St. Gilles führten.

Die Galerie war Vertragspartner von Immendorff bei Finanzierung und Vertrieb der Affen. Doch weder deren Rechtsvertreterin, eine Zürcher Anwaltskanzlei, noch Achenbachs Insolvenzverwalter Marc d'Avoine waren zu Auskünften über die Geschäftstätigkeit der Galerie bereit. Ebenso zugeknöpft reagierte der Düsseldorfer Gießereibesitzer Herbert Schmäke, bei dem die Affen im Auftrag von St. Gilles produziert wurden.

Inzwischen deutet sich an, dass St. Gilles eine Briefkastenfirma ist. Ein regulärer Galerietrieb wurde nie bekannt. Bei der im Handelsregister angegebenen Adresse der Aktiengesellschaft findet sich keinerlei Hinweis auf das Unternehmen.

Immendorffs Witwe Oda Jaune gewann im Dezember 2013 einen Prozess gegen St. Gilles, weil vereinbarte Zahlungen von rund 1.2 Mio. Euro aus dem Vertrieb der Affen nicht geleistet wurden. Nach der Niederlage war das Unternehmen offenbar fähig, die geforderte Summe zu zahlen. Und noch existiert St. Gilles, wie dem Zürcher Handelsregister zu entnehmen ist. Sofern die Verträge nicht gekündigt wurden, hätten die Inhaber von St. Gilles weiterhin das Recht, die gesamte Menge der in zwei Verträgen zwischen St. Gilles und Immendorff festgelegten Affen-Produktion von 1008 Exemplaren herzustellen und zu verkaufen.

Wer Eigentümer von St. Gilles ist, kann wegen dem Anonymität sichernden Schweizer Unternehmensrecht, nicht ermittelt werden. Einziger unterschriftsberechtigter Verwaltungsrat des Unternehmens ist ein renommierter Zürcher Wirtschaftsanwalt, der zahlreiche solcher Mandate hat. Er könnte als Treuhänder für die tatsächlichen Besitzer agieren. Kaum anzunehmen, dass er die Affen höchstselbst verkauft.

Unklar ist auch die Rolle von Achenbach. Im Zusammenhang mit dem Prozess vor dem Zürcher Handelsgericht gab er an, für St. Gilles lediglich als Berater fungiert zu haben. Es sei dahingestellt, wie glaubwürdig diese Einlassung ist. Möglich wäre auch, dass Achenbach an St. Gilles beteiligt war oder immer noch ist und , dass er die Schweizer Adresse als Vehikel zur „Steuerersparnis“ nutzte.

Wie aktiv der Kunstberater in der Schweiz war, deutete Stefan Horsthemke in einem Interview vom Januar 2013 an. Horsthemke war seinerzeit Geschäftsführer des Achenbach-Unternehmens Berenberg Art Advice und brüstete sich, das Unternehmen erhalte vom Zollfreilager Genf „Sonderkonditionen“. Vergünstigungen also, die üblicherweise nur Kunden mit hohen Umsätzen gewährt werden. Sollte man in Genf nach weiteren Affen suchen? Auch nach anderen verborgenen Schätzen des untergegangenen Achenbach-Imperiums?

In genanntem Prozess stritten die Parteien über weitere 1021 Bronze-Affen von 26 cm Höhe, die Immendorff für eine Münchner Galerie produzieren lies. Die Rechtsvertreter von St. Gilles beschwerten sich, der Markt würde nunmehr mit den Skulpturen „geflutet“.

Offen ist, wo sich die Affen befinden. Wurden sie bereits verkauft oder wartet man die aktuelle Preisentwicklung Fragwürdigkeiten wie man sie in Bezug auf die Immendorff-Affen seit Beginn ihrer Entstehung findet und die auch Galerist Michael Werner 2010 in der Süddeutschen Zeitung beklagte: „Vergrößerungen, Verkleinerungen, Varianten - ich habe Immendorff mehrfach geraten, seinen Ruf nicht zu beschädigen. Aber darum hat er sich nicht gekümmert, vielleicht auch, weil ihm das alles zu viel war. Das Ganze ist eine Viperngrube.“

Was wusste der Galerist über die dubiosen Geschäfte mit den Affen? Sicher ist, dass Werner die künstlerischen Mängel der Skulpturen sah, weshalb er zunächst ablehnte, sie in sein Programm aufzunehmen. Dass er die Affen trotzdem 2004 in seiner Galerie zeigte, war dem seinerzeit schwierigen Verhältnis zu Immendorff geschuldet.

Seit Ende der neunziger Jahre benötigte der Künstler sehr viel Geld für seine medizinische Betreuung, wegen Steuerschulden, seiner Drogensucht und seiner sexuellen Obsessionen. Es ging um Millionenbeträge. Nachdem Werner nicht in gewünschtem Umfang leistete, sprang Achenbach als Financier ein.

Immendorff und Werner distanzierten sich. 2004 war der Galerist bestrebt, die Zusammenarbeit zu revitalisieren und wieder Einfluss über die künstlerische Reputation

Immendorffs zu gewinnen. In diesem Sinn war die Ausstellung ein Versuch, die Verbreitung der Affen zu kontrollieren.

Werner wird gewusst haben, dass die Affen nicht von Immendorff stammten. Wohl auch deshalb wollt er ihre Verbreitung bremsen. Als er die Gipsentwürfe der Affen 2001 erstmals zu Gesicht bekam, war Immendorff seit drei Jahren an der unheilbaren Nervenkrankheit ALS erkrankt, die zur Paralyse des Körpers führt. Seine linke Hand war bereits vollständig gelähmt. Schon aus diesem Grund konnte der Linkshänder keine Modelle formen.

Wer anders als sein langjähriger Galerist sollte zudem wissen, dass auch ein gesunder Immendorff keineswegs fähig war, die Affen-Skulpturen zu gestalten. Immendorff galt als begabter Maler und Zeichner, jedoch hätte sein bildhauerisches Können für die Affen-Skulpturen mit ihren humanoiden Proportionen und Gesten kaum ausgereicht.

Nicht Immendorff, sondern dessen Schwiegervater, ein bulgarischer Künstler, war tatsächlich Schöpfer und Bildhauer der Affen. Der Vater von Oda Jaune, Michaela Danowska mit eigentlichem Namen, machte sich nach der Hochzeit des Paares in Immendorffs Atelier nützlich.

Ob er die ersten Gips-Modelle der Affen aus eigenem Antrieb herstellte oder Immendorff ihn darum bat, ist nicht mehr festzustellen. Die Affen zählten seit längerem zum Bestiarium von Immendorffs Bildern. Auch fertigte Skizzen mit Affen, die in dem von ihm mit Tilmann Spengler verfassten, 2005 erschienenen Bändchen «15 Affen für Ida», zu finden sind.

Hierin auch wird Immendorffs „enger Freund, der findige Bildhauer Constantin“ als Helfer beschrieben. Der konnte „so ziemlich alles formen, was er sich vorstellte“. Zweifellos ein Hinweis auf den Schwiegervater.

Dass Achenbach nicht wusste wie die Affen entstanden, ist unwahrscheinlich. Er war regelmässig Besucher in Immendorffs Atelier. Auch seine Mitarbeiter kannte die Rolle des Schwiegervaters, der wie zu vernehmen ist, nicht nur bei der Entstehung der Affen mitwirkte. Gleichfalls wird Immendorffs langjähriger Kunstgiesser Schmäke die Umstände kennen. Schliesslich müsste auch Konkursverwalter d'Avoine über die Hintergründe der Affen-Produktion im Bilde sein. Und Van Ham?

Es ist kein Geheimnis, dass Hilfskräfte die Werke des gelähmten, todkranken Künstlers ausführten. Warum sind die Verantwortlichen nicht einmal bereit, dies für die Affen einzuräumen? Ihr fortgesetztes Schweigen lässt den Schluss zu, dass sie um die dubiosen Geschäfte mit den Immendorff-Affen wissen und Kasse machen wollen, bevor tausendfach Kopien des künstlerischen Schrotts auf den Markt kommen. Wertmindernd, zum Schaden der heutigen Käufer.

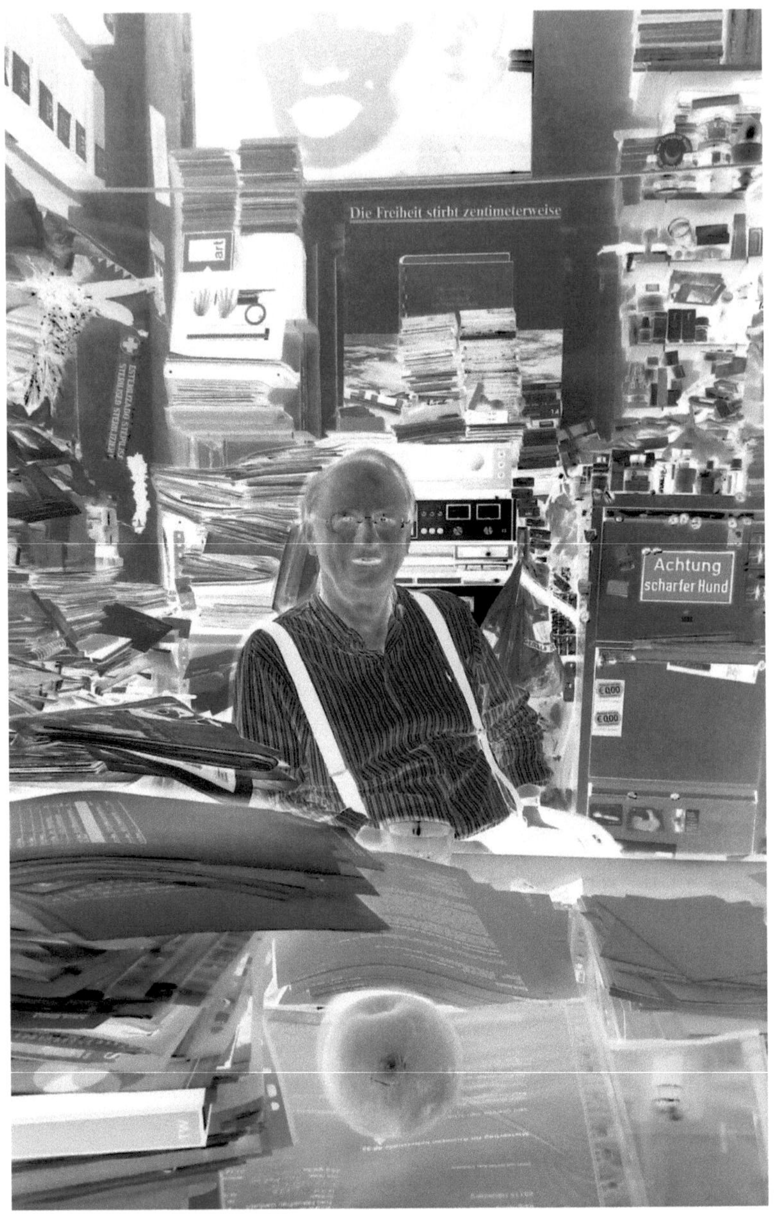
Die Freiheit stirbt zentimeterweise
art
Achtung
scharfer Hund

Beuys war eine Energiequelle.

Interview mit dem Verleger und Plakatkünstler Klaus Staeck. 2012

Wie kamen sie und Beuys zusammen?

Ich habe Beuys über eine Postkarte kennengelernt. Ich bin ein großer Postkartenfreund und wie sich schnell herausstellte Beuys auch. 1965 hatte ich meine Edition gegründet, damals hieß sie noch «Tangente», woraus ab 1970 «Edition Staeck» wurde.

Weil ich mich immer über diese Ansichtspostkarten geärgert habe, zum Beispiel von Heidelberg, dachte ich an eine Alternative. Ich wollte den Versuch unternehmen statt Kitschpostkarten, Kunstpostkarten von Künstlern anzubieten.

Ich hatte von Beuys gehört, kannte ihn aber noch nicht. Im «Documenta»-Jahr 1968 wollte ich mit einer Kassel-Serie starten. Der erste den ich ansprach, war Joseph Beuys. Er hat sofort zugestimmt.

Es wurde eine der harmlosesten Karten der Edition. Eine Stadtansicht in historischem Braun, mit dem Signet der Documenta und dem Stempel der Studentenpartei versehen. Das ganze war nicht besonders erfolgreich. Wir verkauften kaum eine Karte. Trotzdem haben wir uns sofort verstanden.

Wir verstanden uns, obwohl wir uns in vielem diametral unterschieden. Ich war der Rationale und er der charismatische Visionär. Eigentlich konnte man sich grössere Gegensätze gar nicht vorstellen. Aber Beuys gelang es, mit unterschiedlichsten Menschen eine Ebene zu finden, gegensätzliche Charaktere für eine Sache zusammenzubringen.

Entwickelten sie von Anfang an eine konzeptionelle oder strategisch zu nennende Zusammenarbeit?

Nein, das hat sich erst im Laufe der Zeit ergeben. Er war ja in gewissem Sinn erst einmal der Lehrer und ich der Schüler, ohne dass ich ja faktisch sein Schüler war. Ich habe von keinem anderen Menschen, ausgenommen Böll, so viel gelernt, wie von Beuys. Die Zusammenkünfte mit ihm waren für mich immer ein Fest. Beuys war eine Energiequelle.

Waren sie nicht ein seltsames Paar, aus doch sehr unterschiedlichen politischen Richtungen kommend, mit Differenzen in Haltung und Herkunft?

Tatsächlich haben viel nicht verstanden, was mich mit Beuys verband. Insbesondere meine Genossen nicht. Bis heute nehme ich Beuys in Schutz gegen all die Angriffe die immer noch kommen, bei denen „Scharlatan“ noch der harmloseste ist. Es sind Leute, die ihn nicht verstehen wollen oder vielleicht auch nicht verstehen können.

Ich kannte Beuys als überaus freundlichen, zugänglichen Menschen. Haben sie ihn auch so erlebt?

Beuys war sehr offen, sehr humorvoll und überaus grosszügig. Schon als ich ihn zum ersten Mal besuchte, schenkte er mir eine wundervolle Arbeit, einen Akt in Form eines kleinen Aufstellers, den ich natürlich immer noch besitze und nie hergeben würde. Bei meinem nächsten Besuch schenkte er mir wieder etwas. Er hat mich später ein paar mal vor der Pleite gerettet, in dem er mir Sachen gegeben die ich verkaufen konnte. Beuys hat vielen geholfen. Auch mit Geld, als er das dann konnte.

Worin bestand ihre Zusammenarbeit im Wesentlichen?

Beuys war an der Verbreitung der Mutiples interessiert, weil sie seine Gedanken transportierten. Die Multiplikation von Kunst sah er als Element seines Demokratie-Verständnisses. Beuys hatte die Ideen und wir die Produktionsmittel. Ich meine damit Steidl in Göttingen, der meine Sachen, also auch die Beuys Arbeiten druckte. Ich war hauptsächlich dafür zuständig, dass die Sachen verbreitet wurden.

Am Anfang konnte man auf diese Weise einen Beuys, für sprichwörtlich „einen Apfel und ein Ei" kaufen. Aber es lief nicht so, wie sich die Leute das heute vorstellen. Vieles blieb unverkauft.

Sie haben trotzdem weiter gemacht.

Ja, ich bin dabei geblieben Plakate für fünf D-Mark, zu verkaufen. Bei Beuys war das irgendwann nicht mehr möglich. Er konnte so viele Banknoten signieren wie er wollte, seine Unterschrift auf tausenden Postkarten inflationieren. Es gelang uns trotzdem nicht, das Ganze auf der Fünfmark-Basis zu halten. Der Markt erwies sich als stärker, nachdem immer mehr extrem teure Arbeiten von Beuys verkauft wurden.

Stand diese Entwicklung nicht in Widerspruch zu Beuys' Idee einer demokratisierten Kunst?

Seinen Anspruch der Demokratisierung von Bildung und Kultur wollte er sich trotz seines Erfolgs erhalten. Dieser sollte schliesslich in der «FIU - Free International University», der «Freien Internationalen Hochschule für Kreativität und interdisziplinäre Forschung» verwirklicht werden. „Du machst den Vorsitzenden“, das hatte Beuys dann einfach bestimmt. Weil ich auch Jurist war, dachte er, ich sei dafür besonders geeignet. Ich war für ihn im klassischen Sinn zuverlässig, was man in der Kunstszene nicht von jedem behaupten konnte.

Im Zusammenhang mit der FIU sollte mir dann auch die Aufgabe zukommen eine „permanente Documenta“ zu organisieren. Das sollte unsere Antwort auf den Kunstmarkt sein, wir wollten dem etwas eigenes gegenüberstellen.

Es hat doch nie eine wirkliche Organisation und operativen Strukturen gegeben. War die FIU nicht ein Potemkinsches Dorf?

Das kann man so sehen. Die Adresse der FIU in Düsseldorf, war die Wohnung meiner Eltern. Beuys der sich als Internationalist sah, kam durch Anregung eines Galeristen auf die Idee, Briefbogen mit ausländischen Adressen drucken zu lassen, FIU Napoli zum Beispiel. Das meiste war Schwindel. Nur wenige dieser FIU-Stützpunkte haben existiert. Nur in Gelsenkirchen, dort haben sie wirklich gearbeitet. Das waren alles Beuys-Schüler, zuvorderst Stüttgen.

Und Beuys tat so als sei die Eröffnung der Hochschule sei nur noch eine Frage der Zeit?

Beuys war recht grosszügig mit öffentlichen Verlautbarungen, so wurde der Druck immer grösser und wir wurden gefragt, wann und wo das Ganze stattfinden wird. Es kamen schon Briefe von Schülern die sich einschreiben wollten. Beuys dämmerte langsam, worauf das hinauslaufen würde, auf eine traditionelle Schule letztlich.

Die Räume hätten wir für eine Mark bekommen können. Eine schöne grosse Halle. Der städtische Dezernent Bodo Mayweg sagt uns, das wäre alles was man uns zur Verfügung stellen könnte. Den Umbau und den Betrieb sollten wir selbst organisieren und finanzieren. Wir mussten deshalb entscheiden, ob wir das jetzt richtig angehen sollten.

Als wir dann nach einer Besichtigung von Räumen in einem Taxi sassen, fragte mich Beuys: „Wollen wir das überhaupt? Sollen wir einen Hausmeister einstellen und wer wird den bezahlen? Oder soll ich etwa das Klopapier bestellen?"

Beuys hat dann die Notbremse gezogen. Da war er vollkommen Realist. Auf dieser Rückfahrt haben wir beschlossen, das Projekt aufzugeben, zumindest die Idee mit dem festen Ort. Wir wären in die Realitätsfalle gelaufen.

Haben sie tatsächlich an die Chance geglaubt eine eigene Hochschule gründen zu können?

Warum nicht? Die FIU hätte ein Aufbruch zu einem anderen Denken sein können. Aber das Projekt war in der Aussenwirkung zu sehr auf Beuys fixiert, es wurde immer nur von der Beuys-Schule geredet. Unsere anderen Ideen und die anderen Protagonisten gingen darüber vergessen.

Böll zu Beispiel.

Böll stiess auf Vermittlung von Warnach zu uns. Wir waren ein wunderbares Trio. Beuys war der Aktionist, Böll der Nachdenkliche und ich der Arbeiter.

Das Manifest hat Böll geschrieben. Als wir ihn fragten „was willst du denn machen Heinrich?", antwortete Böll, er würde gerne ein Seminar für Höflichkeit machen.

Wurde Böll nicht von Beuys auf recht unangenehme Weise instrumentalisiert? Man hatte den Eindruck, dass Böll am Ende von Beuys' Annäherungsversuchen genervt war. Rene Böll hat mir bestätigt, dass es zuletzt eine recht bittere Entfremdung zwischen Böll und Beuys gab.

Entfremdung ist das richtige Wort. Das Gedicht von Böll zu Beuys 60. Geburtstag war vielleicht Ausdruck hierfür. Es klang ja wie eine Warnung.

Böll war damals ebenfalls ausserordentlich populär, Beuys war jedoch in der Öffentlichkeit immer der Radikalere. Wenn Beuys bei einer Gruppenausstellung den Raum betrat, hatte er sofort alle Aufmerksamkeit. Sämtliche Kameras richteten sich auf ihn, er war der einzige der Interviews gab.

Beuys flutschte Böll regelrecht durch, war mit der Zeit nicht mehr fassbar für ihn. Böll hätte sich nie wie Beuys von Anatol mit einem Einbaum über den Rhein bringen lassen. Beuys hatte im Gegensatz zu Böll ein derartiges Sendungsbewusstsein."

Aus meiner sich war Beuys im Gegensatz zu dem doch eher scheuen Böll ein Populist, dessen Sendungsbewusstsein keine Grenze fand.

Beuys hatte eine unendliche Geduld mit den Menschen. Stundenlang konnte er mit Leuten diskutieren, wo ich schon nach einer halben Stunde gesagt hätte, das hat keinen Sinn. Da war er vollkommen Missionar. Beuys hatte immer die Hoffnung „der kommt noch" den bringe ich auch noch zu meinen Ideen.

Zu seiner anthroposophischen Heilslehre?

Beuys hatte ein Weltbild, das durchaus von der Anthroposophie geprägt war. Sein Weltbild war dennoch völlig eigenständig, auf eine Weise wie es nur wenigen Künstlern gelingt. Dieses Weltbild ging in viele Verästelungen hinein, weshalb sich so viele bei ihm bedienen konnten.

Wussten sie davon, dass Beuys in anthroposophischen Kreisen verkehrte und dort sehr aktiv mitwirkte?

Beuys war in diesen Anthroposophen-Zirkeln irgendwie drin. Er ist ja immer wieder in Achberg gewesen. Obwohl ich das Gefühl hatte, er mache sich auch darüber lustig, war er gefährdet in obskure Richtungen zu gehen. Diese Haußleiter Geschichte ist so ein Beispiel.

Die AUD von Haußleiter war eine rechte Truppe. Ich fragte ihn natürlich als er für die AUD kandidierte, ob er wisse, was er da tue. Er war nicht zu beirren und ich hoffte nur noch darauf, dass die Sache niemand auffallen würde.

Mit der Sozialdemokratie tat sich Beuys schwer.

Ich war ja Beuys Haupt-Verleger und das passte einigen nicht in den Kram. Es gab immer Sticheleien gegen mich, selbst in meinen Beisein. Dann fragte ihn während einer Vernissage sein italienischer Galerist Amelio in meiner Hörweite: „Was machst du denn mit dem blöden Staeck, der ist doch Sozialdemokrat."

Sozialdemokrat, das war meine offene Flanke. Beuys gab ihm zur Antwort: Ja, der Staeck ist mein politischer Gegner aber lass mal, der kommt auch noch." Wir haben daraus eine Postkarte gemacht: „Klaus Staeck ist mein politscher Gegner." Alle Welt sollte wissen, das ist so, wir sind verschiedener parteipolitischer Überzeugung und treten trotzdem gemeinsam für einen demokratischen Sozialismus ein. Ich dachte, es reicht, wenn wir das jetzt verteilen und keiner mehr Honig aus dieser Wunde saugen kann.

Das ging auch recht gut bis zum dem Wahlkampf von 1980, bei dem es hauptsächlich darum ging, einen Bundeskanzler Strauß zu verhindern. Ich hatte damals sehr erfolgreich die Wählerinitiative «Freiheit statt Strauß» gegründet, die bundesweit mit mehr als einhundert Anlaufstellen aktiv war. Beuys kandidierte bei dieser Wahl auf der Landesliste der Grünen für den Bundestag.

Als Beuys nicht gewählt wurde, war man in seinem Umfeld offenbar der Meinung der Staeck mit seiner grossen Initiative hätte ihn zu viele Stimmen gekostet, hätte potentielle Beuys-Wähler abgezogen. Der Staeck ist daran schuld, dass Beuys nicht in den Bundestag kommt, hiess es.

Nach der Wahl gab es eine Ausstellung bei Heinz Holtmann in Köln. Ich kam da hin und in dem Moment als mich Beuys sah, schrie er mich vor versammelter Mannschaft an: „Mit dir will ich nichts mehr zu tun haben!“ Wie sich herausstellte geschah das vor einer Häme Gesellschaft.

Bongard, der mich nie leiden konnte, triumphierte und verbreitete umgehend in seinem «Kunst Aktuell»: „Beuys hat sich endlich von seinem Sateliten getrennt.“ Es war ein Schock. Wir hatten jahrelang zusammengearbeitet, hatten zahlreiche Reisen zusammen unternommen, waren eng befreundet. Ich dachte, das geht doch nicht auf diese Weise abgekanzelt zu werden.

Aber es kam nie zu einem vollständigen Bruch?

Ein Jahr später trafen wir uns in der «Ständigen Vertretung» in Ostberlin anlässlich einer Ausstellung wieder.

Mein Bruder, der in der DDR lebte, der Beuys immer die Pakete schickte aus denen dann die «Wirtschaftswerte» wurden, kam auch. Die Stasi hat ein schönes Foto gemacht, als wird mit Beuys zusammenstanden.

Wir verabredeten uns für die folgende Woche. Während dieses Treffens und auch später nicht, haben wir jemals über die Angelegenheit geredet. Ich glaube Beuys hatte inzwischen selbst gemerkt, dass er reingelegt wurde, dass man ihn gegen mich angestachelt hatte. Unsere Zusammenarbeit war seit dem intensiver als je zuvor.

Hatten sie Einfluß darauf, dass Beuys die Nähe zu Willy Brandt suchte?

Am Beginn der siebziger Jahre bemühte sich Beuys um Nähe zu Brandt, auch weil er für seine politischen Ideen eine grössere Einheit suchte. Es kam zu einer einzigen, allerdings folgenlosen Begegnung mit Brandt.

Weshalb sich Beuys plötzlich nicht mehr für die Sozialdemokratie interessierte?

Sein Bruch mit den Sozialdemokraten war endgültig, als er einen Brief schrieb, der an dem Thema «Hausfrauengehalt» aufgehängt war.

Dieser Brief gelangte zu Wehner, der Beuys zurückschrieb, er solle sich um Dinge kümmern, von denen er etwas verstünde. Beuys hat diesen Brief dann an die Türe seines «Büros für direkte Demokratie» an der Documenta von 1972 geheftet.

Nach seinen Versuchen mit den Rechtsradikalen, kam Beuys zu den Grünen, die ja von seinen anthropososophischen und rechten Freunden mitgegründet wurden.

Wie beurteilen sie diese Wendung?

Angefangen mit der «Studentenpartei» hatte er mit seinen politischen Ideen ja diverse Versuche unternommen. Schlussendlich waren es die Grünen auf die er all seine Hoffnungen setzte. Da ich deren Protagonisten kannte, warnte ich Beuys, die Grünen würden in nicht allzu ferner Zeit eine stinknormale Partei werden. Er schlug meine Warnungen jedoch in den Wind. Beuys dachte, in den Grünen endlich seinen Transmissionsriemen gefunden zu haben.

Beuys wurde zu einer Ikone der Grünen.

Beuys wurde ein fanatischer Grüner. Mit fast kindlicher Begeisterung sagte er, „das ist jetzt meine Gruppe" und nahm seine ganze Entourage mit. Stüttgen natürlich wieder vorne weg. Er ging zu jeder Veranstaltung, zu Konferenzen, Delegiertenversammlungen und Parteitagen.

Zudem gab für die Grünen Geld aus bis zum Geht-nicht-mehr. Alle nahmen ihn irgendwie aus. Als Immendorff, der damals auch bei den Grünen war, einmal eine Autopanne hatte, schickte er Beuys die Rechnung.

Ich habe ja damals für Immendorff gearbeitet und musste das Geld bei Beuys abholen. Er war nicht amused.

Ja, die Leute sind ihm ins Jackett krochen, in die Taschen. Aber die waren letztlich an einem Zirkuspferd interessiert. Denn er war immer gut für eine Aktion, so wie er plötzlich mit diesem Song kam, «Sonne statt Reagen».

Am Ende wurde er von den Grünen abserviert, gnadenlos zurückgewählt. In der Düsseldorfer Stadtzeitschrift «Überblick» hat dann einer geschrieben: „Beuys war gut für den Anfang, um auf die Grünen aufmerksam zu machen. Jetzt aber, wo wir ein grössere Publikum bekommen wollen, ist er eigentlich eher hinderlich.“

Es hieß, dass er bei den Grünen austreten wollte.

Wenige Tage von seinem Tod kam eine Meldung in der Presse, Beuys würde bei den Grünen austreten. „So leicht werde ich es denen nicht machen, so ohne weiteres austreten. Aber ich bin fertig mit denen“, war seine Antwort, als ich ihn nach dem Wahrheitsgehalt diese Meldung fragte.

Wie haben sie Beuys in diese Phase erlebt?

Als ich ihn die letzten Male besuchte, zwei mal noch kurz vor seinem Tod, war er in einem fürchterlichen Zustand. Die Lehmbruck-Rede in Duisburg, sein letzter Auftritt, die ihn kannten wussten, das ist seine Abschiedsrede. Und die schleppten den armen Kerl noch zur Eintragung ins goldene Buch, zum anschliessenden Essen.

War das ihre letze Begegnung?

Nein, ich wollte ihn nochmal sehen und wir trafen uns vier Tage vor seinem Tod. „Weißt du eigentlich wie krank ich bin?,“ fragte er mich. Es war das einzige Mal, dass Beuys in meiner Gegenwart über Krankheit sprach. Als er den Herzinfarkt hatte, hatte er mir noch gesagt: „Jetzt will ich nicht einhundert, jetzt will ich dreihundert Jahre alt werden.

Beuys hat nie über Krankheit gesprochen. „Krankheit lehne ich ab“, war eine seiner berühmten Antworten.

Aber man wusste ja schon seit längerem, wie es um ihn stand, Herzinfarkt, Raucherbein, die Zähne. Er bemerkte einmal: „Am Ende muss doch alles kaputt sein. Es ist doch fruchtbar, wenn man stirbt und alles noch funktioniert aber ein einziges krankes Organ führt zum Tod.“ Ein Körper reichte offenbar nicht aus, für den vielfältigen Geist den er in sich hatte.

Er war immer noch voller Pläne. Ich erinnere mich noch an seinen Zorn darüber, dass die Leute dazu übergingen seine Arbeiten zu verfälschen. Wie Lucrezia (Anm. de Domizio Durini), die eine Blumenpresse, die Beuys signiert hatte, in Amerika zum Kauf anbot. Beuys fluchte „mit denen räume ich nochmal auf“, obwohl er wusste, dass er gar nicht mehr die Kraft dazu hatte.

Was bleibt ihnen als letztes Bild von ihm?

Beuys hat sich so lange ich kannte, permanent überfordert, vor allem physisch. Denn jeder wollte etwas von ihm, wollte sich ein Stück von ihm herausschneiden. Er war zuletzt nicht mehr in der Lage das zu steuern. Er hat sich verströmt.

Eva Beuys schenkte mir nach seinem Tod einen Stempel: „Post kann nicht mehr beantwortet werden auf Grund von Überlastung.“ Beuys hat ihn nie benutzt.

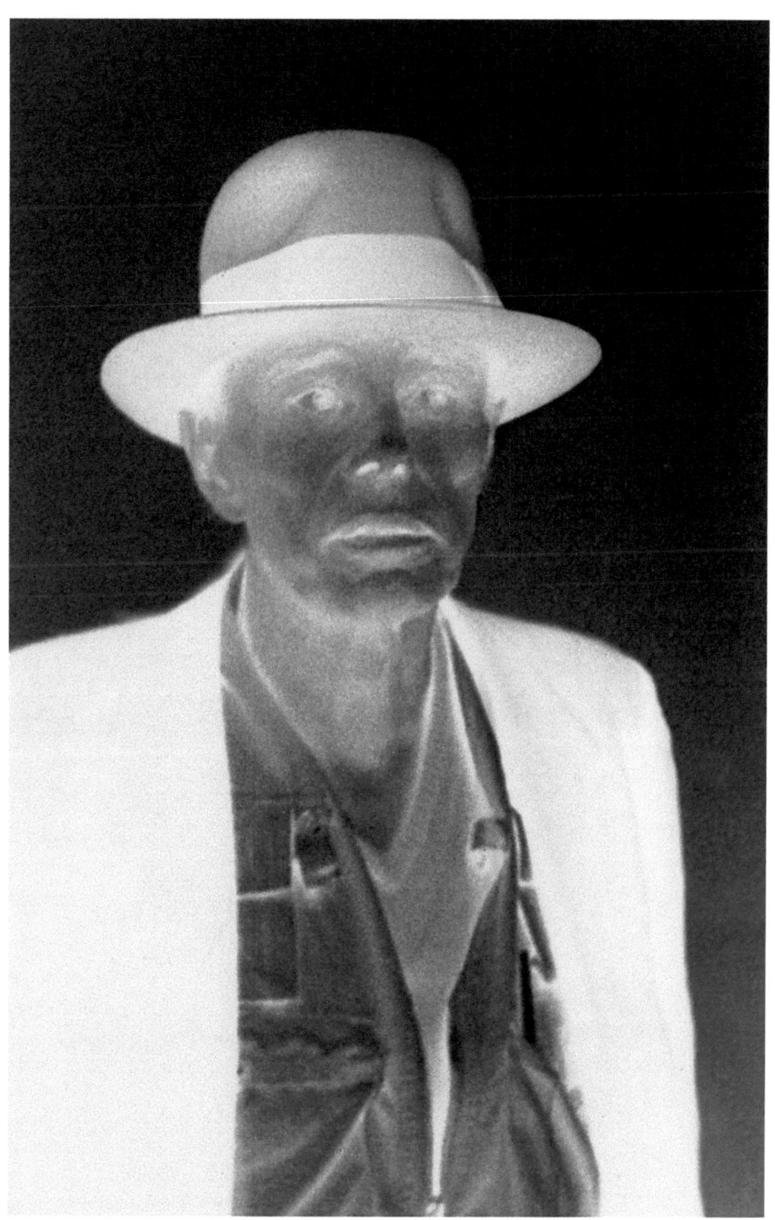

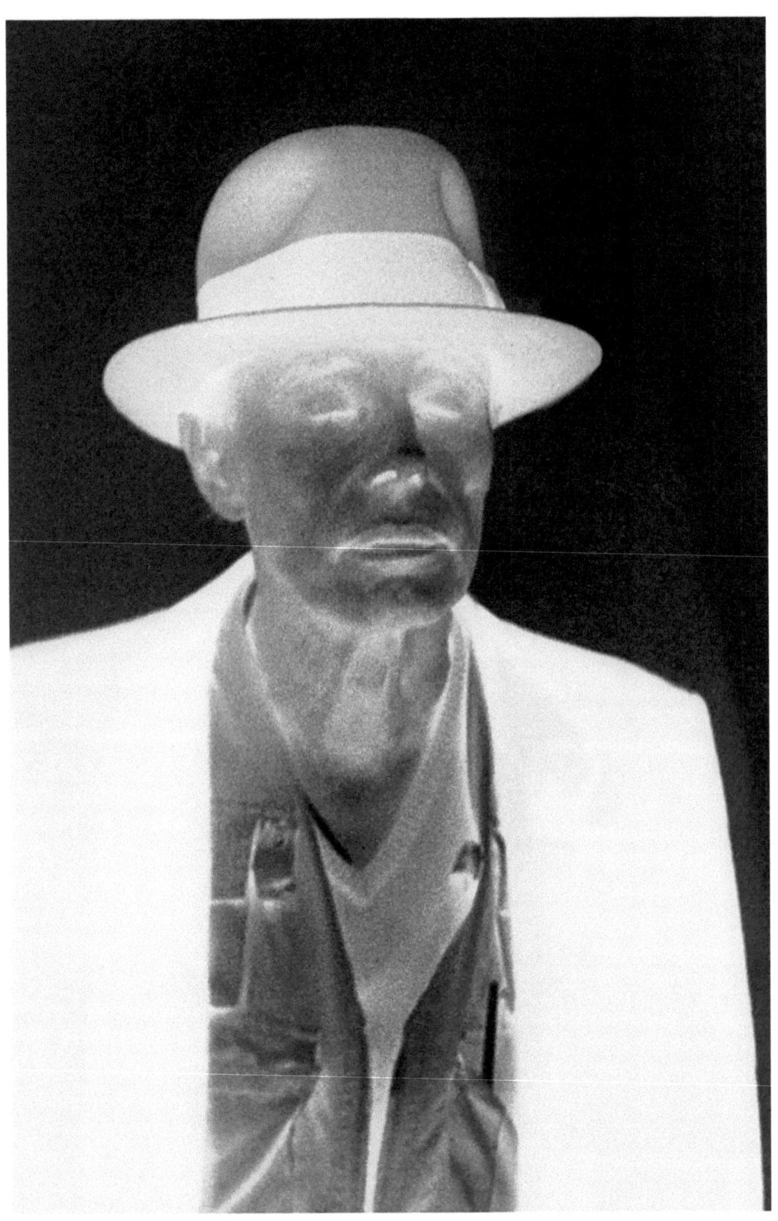

Für den Kunstmarkt gestorben.

Über den Wert von Beuys für den Kunstmarkt. 2016

Joseph Beuys zählt zu den wichtigsten Künstlern des 20. Jahrhunderts. Doch für den Kunstmarkt ist er nahezu bedeutungslos. Was verwunden mag, angesichts von in der Kunstszene beliebten Ranglisten, die ihn auf Spitzenplätzen führen. So in dem jährlich erstellten «Kunstkompass», wo er hinter seinem ewigen Konkurrenten Andy «Unsterblichen» einnimmt.

Allerdings geht es in solchen Rankings zumeist um subjektive Kriterien oder die Anzahl von Ausstellungen und Publikationen. Hier zählt Beuys immer noch zur Elite. Seine Werke hingegen verkaufen sich im Vergleich zu Warhol schleppend und allenfalls für Kleingeld.

Ein Paradox das sich auch mit dem 30. Todestag des Künstlers am 23. Januar, nicht auflösen wird. Weder der zu erwartende mediale Erinnerungsmarathon, noch die zahlreichen Ausstellungen dieses Jahres werden etwas an dem Umstand ändern, dass Beuys ein Nebenwert des Kunstmarkts ist.

Wie weit abgeschlagen seine Werke gehandelt werden, verdeutlichen Auktionsergebnisse. Die Branchenplattform «Artprice» nennt als höchstes, je für eine Beuys Arbeit realisiertes Auktionsergebnis 934.758 $ für die Bronzeskulptur «Tisch mit Aggregat», die im Juni 2013 versteigert wurde.

Dem gegenüber sind 105.445.000 $ als Rekord für Andy Warhol vermerkt. Erzielt im November 2013 mit dem Gemälde «Silver Car Crash».

Nicht nur wegen der gigantischen Preisdifferenz mag der Vergleich disproportional sein. Ein kleiner, mit einer simplen Installation assemblierter Tisch, ein Auflagenobjekt zumal, bei Beuys. Bei Warhol hingegen ein wandfüllendes Schlüsselwerk.

Indessen bieten die Summen der Auktionsumsätze das gleiche Bild. Während mit Werken von Beuys 2014 weltweit wenig mehr als 2,5 Mio Euro umgesetzt wurden, waren es bei Warhol 516 Mio Euro. Mit rund 210 Mio Euro findet man auch Gerhard Richter in völlig anderen Sphären. Selbst Günther Uecker, ein Zeitgenosse von Beuys mit weit geringerer, kunsthistorischer Gravität, bewegte 14 Mio Euro im Auktionsmarkt.

Im vergangenen Sommer wurde an der Art Basel am Stand der Galerie Thadeus Ropac eine Beuys-Arbeit mit dem Titel «Scala Libera», für 1,55 Mio Euro verkauft. Eine Randnotiz in den täglichen Jubelmeldungen der Messe über neue millionenschwere Transaktionen. Für eine Beuys-Arbeit war dies ein Galerie-Verkauf, mit einem selten hohen Preis.

Nimmt man die kunsthistorische Bedeutung von Beuys sowie dieser Arbeit zur Richtschnur, relativiert sich der Preis als höchst moderat. Denn bei «Scala Libera» handelt es sich um ein überaus bedeutsames Stück im Oeuvre des Künstlers. «Scala Libera» ist eine alte, primitive Leiter, die über die Spannung zweier mit einer Drahtschnur verbundenen Steine frei stehend in Balance gehalten wird. Ein Sinnbild für die Fragilität des Lebens und vorletzte Arbeit des todkranken Beuys von eigener Hand, bevor er mit «Palazzo Regale» sein eigenes Requiem schuf.

Der Verkauf von «Scala Libera» ist typisch für die Kunstmarkt-Genese des Beuys-Oeuvres. Kein Werk von Bedeutung war bis heute den Markttest einer Auktion ausgesetzt. Wenn überhaupt erstklassige Werke wie «Scala Libera» verkäuflich waren, wurde es über den Beuys-Erben verbundene Galerien verkauft.

Und selbst wenn ein Schlüsselwerk wie kürzlich «Das Kapital», von dem Beuys Mäzen Erich Marx für einen, wie er sagt, „nicht kleinen zweistelligen Millionenbetrag“ erworben wird, ändert sich nichts, an der bescheidenen Markposition des Beuys-Oeuvres. Denn zu wenige, überdurchschnittliche Arbeiten gelangen auf den Kunstmarkt. Es besteht deshalb kein Markt für Beuys-Werke, auf dem sich die heute üblichen, hohen Preise bilden könnten.

Aber wie kann es geschehen, dass Beuys, dessen kunsthistorischer Rang unbestritten und der weltweit in Museen präsent ist, über den es Wagenladungen von Publikationen gibt, den Fachleute und Laien wie einem Abgott verehren, im Kunstmarkt völlig unbedeutend ist?

Eigentlich hätte es anderes laufen können. Beuys Werke könnten heute zu ähnlichen Kursen gehandelt werden, wie jene seines Antipoden Andy Warhol.

Am Beginn der siebziger Jahre war Beuys der mit Abstand teuerste deutsche Künstler, nachdem er 1969 mit dem Verkauf von «The Pack (Das Rudel)» für 110.000 DM als erster lebender deutscher Künstler die Schallmauer von 100.000 DM für ein einzelnes Werk durchbrochen hatte. Damals wurden grössere Beuys-Arbeiten kaum unter 50.000 DM gehandelt.

Ungeheuerliche Preise zu einer Zeit, als der Kunstmarkt noch eine geschlossene Gesellschaft aus engagierten Galeristen und enthusiastischen Sammlern war, in der es mehr um Inhalte weniger um Spekulation ging.

Beuys interessierte sich jedoch nur am Rande für den Handel mit seinen Arbeiten. Weit mehr als der monetäre Erfolg, interessierte ihn die öffentliche Wahrnehmung seines Werks. „Ich bin ein Sender“, sagte Beuys von sich. Seine Werke waren für ihn „Antennen“ über die er mit den Menschen in Kontakt sein konnte. Ihm ging es darum, mit seiner Kunst, die anthroposophische Weltanschauung zu verbreiten, als deren Missionar er sich betrachtete.

Für den Kunstmarkt hatte dies zwei Konsequenzen. Auf der einen Seite entzog Beuys dem Markt wichtige Arbeiten. Zuerst in dem er den «Block Beuys» schuf. Ein Konglomerat das nahezu sein gesamtes Hauptwerk der sechziger Jahre umfasst und mit Hilfe seines Mäzens Karl Ströher im Hessischen Landesmuseum Darmstadt platziert wurde.

Auch in der Folge gab Beuys herausragende Werke fast ausnahmslos an Museen oder eng verbundene Sammler, selten für hohe Preise, gelegentlich als Schenkung. Die Sicherung der Werke und ihr öffentlicher Zugang in Museen und Sammlungen war sein Interesse.

Die andere Konsequenz für den Kunstmarkt resultiert aus dem Umstand, dass Beuys auf die weite Verbreitung seiner Botschaften hoffend, preiswerte Auflagenobjekte entwarf, die er in mitunter abenteuerlichen Mengen verbreiten lies. Wie zum Beispiel «Intuition», eine signierte, mit einem Bleistiftstrich verzierte Holzkiste von der 12.000 Exemplare aufgelegt wurden. Oder die mehr als 200 Editionen von Massenauflagen, die der Verleger Klaus Staeck produzierte.

Heute überschwemmen diese Stücke den Markt. Obschon sich bei den Multiples gelegentlich teure Preziosen wie die Schlitten aus dem «Rudel»-Konvolut finden, die für sechsstellige Beträge gehandelt werden, aus Sicht von Kunstmarkt-Kennern sind die meisten der Auflagen-Objekte wertlose Devotionalien. Gleichzeitig wird das Preisniveau des Gesamtwerks durch diese Inflationierung nach unten gezogen.

Erschwerend wirkt sich weiterhin aus, dass Beuys in den USA, im wichtigsten Kunstmarkt der Welt, nur schwer vermittelbar ist. Die tonangebenden jüdischen Kreise der amerikanischen Kunstwelt, konnten sich nie mit dem ehemaligen Hitlerjungen und Stuka-Flieger anfreunden. Wenngleich Beuys heute in milderem Licht gesehen wird, seine missratenen Auftritte von 1979, während seiner Ausstellung im Guggenheim Museum sowie verheerende Kritiken taten das Übrige, Beuys für den US-Kunstmarkt zur Persona non Grata werden zu lassen.

Ein weiterer Aspekt der den Markt für Beuys-Werke negativ beeinflusst, ist die Frage nach der Authentizität. So sind Stücke auf den Markt gekommen, die in Vitrinen angesammelt verkauft werden. Offenbar erhofft man sich einen besseren Ertrag, in dem man Teile die Beuys selbst bestenfalls einmal berührt hat, in den für ihn typischen Vitrinen ansammelt. Wissend, dass in Zukunft kaum mehr, als diese aus den Regalen des Beuys Ateliers zusammengeklaubten Restbestände verfügbar sein wird. Beuys ist tot, sein Werk ist abgeschlossen. Überraschungsfunde wird es nicht geben.

Tröstlich für Sammler könnten vielleicht die Zeichnungen von Beuys sein, von denen die besten Rekordpreise von mehreren Hunderttausend Euro erzielen. Indessen hielt es Beuys mit seinen Zeichnungen ähnlich, wie mit den Multiples und signierte jedes Blatt, das er unter die Finger bekam. So findet sich auch bei den Zeichnungen mehr Masse als Klasse.

Schlussendlich könnte der veränderte Geschmack der Sammler für die Kunstmarkt Baisse von Beuys mitverantwortlich sein. Seine verstaubten, grauen, muffig riechenden Werke passen nicht zur aseptischen Ästhetik ihrer durchgestylten Villen.

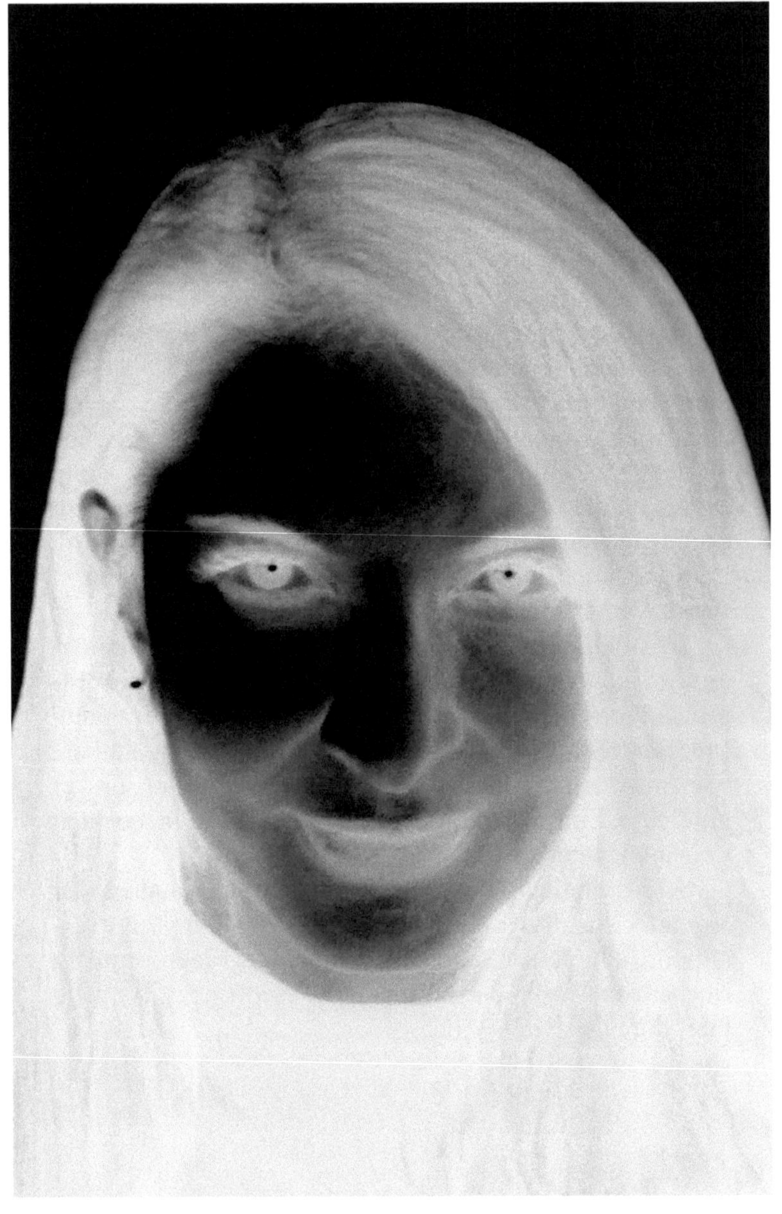

Die Versuchung der heiligen Marina.

Über die Künstlerin Marina Abramović. 2014

Was bleibt? Nur wenige Künstler könnten behaupten, von dieser Frage unberührt zu sein. Duchamp erfand eine Miniatursammlung seines Werks, die er in Schachteln und Koffer verpackte. Beuys richtete sein Pharaonengrab in Darmstadt noch zu Lebzeiten selbst ein, während Dali ein ganzes Museum nach seinen Wünschen bauen ließ.

Doch was soll nachgelassen werden, wenn ein Künstler, wenn eine Künstlerin nichts Vorzeigbares produziert? In dieser Verlegenheit sieht sich die berühmte, achtundsechzigjährige Performance-Künstlerin Marina Abramović, deren Kunst nur im Aufführungs-Moment existiert.

Jetzt wurde sie von TIME in Rangliste der 100 einflussreichsten Persönlichkeiten der Welt aufgenommen. Allerdings nicht in der Kategorie für Künstler, sondern jener der Ikonen, der Kategorie wo man den Papst, vor allem jedoch Pop-Stars, Schauspieler und Sportler findet. Sie rangiert direkt vor Christiano Ronaldo.

Dass sie allein wegen ihrer Berühmtheit und nicht als Künstlerin aufgeführt ist, wird allenfalls Kunst-Experten überraschen. Zwar ist Marina Abramović weltbekannt, doch kaum wegen ihrer Kunst, sondern viel mehr, weil sie zum Stammpersonal des internationalen Celebrity-Zirkus zählt. Hingegen agiert sie mit ihrer Kernkompetenz Performance in einer für den Kunstmarkt bedeutungslosen Nische. Ihre mediale Dauerpräsenz ist deshalb auch ihr höchst eigenwilliger Versuch, der Nische zu entkommen.

„Ich werde nichts Greifbares hinterlassen", sagte sie kürzlich dem Magazin der Süddeutschen Zeitung und erklärte ihr Celebrity-Dasein als PR-Aktion, die notwendig sei, um für Vermächtnis zu werben: Das nach ihr benannte MARINA Abramović INSTITUT (MAI), ein Institut für „immaterielle und lang andauernde Arbeiten“.

Anfang 2012 hatte sie den Star-Architekten Rem Koolhas und dessen Partner Shohei Shigematsu beauftragt, Pläne für den Umbau eines ehemaligen Theaters in der Kleinstadt Hudson, im Bundesstaat New York, zu entwickeln. In dem Gebäude will sie ihr Institut einrichten, das zu einem „Inkubator für Ausbildung und Zusammenarbeit zwischen Geisteswissenschaften, Kunst, Forschung und Technologie“ werden soll, wie man auf der Website des MAI erfährt. Hier werde zukünftig die von ihr entwickelte Abramović METHODE vermittelt, eine „Reihe von Übungen, mit denen die Grenzen von Körper und Geist überwunden werden können”.

Obwohl sie das Haus bereits 2007 erwarb und die Fertigstellung des MAI für 2014 angekündigt wurde, existiert das Institut bis heute erst virtuell. Ursache dieser Verzögerung ist ein aus ideellem und materiellem Mangel entstandenes Dilemma.

Maler und Bildhauer wissen Sammler um sich, die in den Erhalt ihrer Werke investieren, die hierzu Sammlungen einrichten oder gar Museen bauen lassen. Dieser Rückhalt fehlt Marina Abramović, denn aus wirtschaftlichen Gesichtspunkten ist sie für Sammler uninteressant. Sie hat es mit Objekten versucht, Minimal Art-Derivate die sich nie durchsetzten konnten.

Darüber hinaus produziert sie kaum materielle Werke von grösserem Wert. Demzufolge fehlen ihr die üblichen Geldgeber und wohl auch eigene Mittel, derer es eigentlich bedürfte, um den auf 20 Mio $ kalkulierten Bau des MAI zu erstellen.

Mittlerweile bemüht sich Marina Abramović auf für Kunstkreise irritierende Weise, um die Finanzierung ihres

Vermächtnisses. Die Gefahr hierbei nicht nur bissige Kritik zu ernten, sondern ihre bereits gefährdete künstlerische Reputation vollends zu opfern, scheint sie angesichts ihrer Zwangslage in Kauf zu nehmen.

„Der Tag als die Performance Kunst starb“, überschrieb das Internet-Kunstmagazin «Hyperallergic» den Kommentar zu einem Video, in dem die Künstlerin mit dem Rap-Superstar Jay Z zu dessen Song «Picasso Baby» performt. Marina Abramović, eine ältere Dame auf der falschen Party, die um den Superstar tänzelt, gleichzeitig bemüht ihn mit durchdringendem Blick anzustarren. Ein Desaster.

Wenig später sorgte ein anderes Video für Schlagzeilen, weil die Sängerin Lady Gaga hierin nackt über eine Wiese schreitet, ebenso unbekleidet auf einem grossen Kristall kauert, sich die Seele aus dem Leib schreit und mit einer seltsamen Pokemon-Maske auf den Augen herumsteht.

Der zweieinhalb Minuten kurze YouTube-Clip zeigt Lady Gaga bei Ausübung der Abramović METHODE. In Interviews bekundete Lady Gaga darauf hin, die Abramović METHODE habe ihr geholfen vom Kiffen los zu kommen, während Marina Abramović dankbar verlauten ließ, in der Sängerin eine „Inspiration“ gefunden zu haben.

Mit den Popstar-Filmchen wurde für eine Crowdfunding-Aktion geworben, die Geld für das MARINA ABRAMOVIC INSTITUT erbringen sollte. Es kamen rund 660.000 $ zusammen. Ein Betrag der kaum ausreichen wird, die Rechnungen der Star-Architekten zu begleichen.

Im vergangenen Herbst traf ich Marina Abramović, die nach Basel gekommen war, um ihre Pläne und damit verbunden ein begehbares Modell ihres Instituts vorzustellen, den so genannten MAI-Prototype. Sie beabsichtigte damit, weitere Spenden für den Bau ihres Instituts einzusammeln.

Wir sind uns erstmals 1993 begegnet und immer noch überrascht ihr jugendlicher Elan, ihr fast mädchenhaft zu nennender Charme, mit dem sie für ihre Vision wirbt.

Sie wolle ein neues Bauhaus, einen Ort des internationalen Austauschs errichten, eröffnet sie mir. In ihrem Institut würden bald schon performative Ausdrucksformen wie Theater, Tanz, Oper oder Musik aber auch Foto, Film und Video unterrichtet werden. Gleichwohl, dies betont sie, werde die Vermittlung ihrer Methode im Mittelpunkt stehen.

Sie gibt sich überzeugt, mit ihrer Abramović METHODE das Bewusstsein von Menschen verändern zu können. „It will change you", die Veränderungen könne jeder bei sich selbst erfahren, der sich den Prozeduren ihrer Methode unterzieht, die auf ihren Erfahrungen als Performance-Künstlerin basiere. Bei lange andauernden Aktionen habe sie körperliche Probleme bekommen und sei diesen mit meditativen und physischen Übungen begegnet. Diese Erfahrung wolle sie nun weitergeben.

Wenn man ihrer tiefen Stimme, ihrem wunderbar eigenartigen, mit slavischem Akzent angereicherten Englisch lauscht, ist man zunächst befangen. Schliesslich ratlos, scheinen ihre Vorhaben doch wenig durchdacht. Fragen weicht sie aus. Etwa, auf welche Weise sich bei den Probanden der Abramović METHODE Bewusstseinserweiterungen bemerkbar machen würden.

Ein Selbstversuch im MAI-Prototyp brachte auch keine Erleuchtung. Er war bis Ende Januar in Basel, neben dem Tinguely-Museum aufgebaut. Der flammend rote Zeltbau beherbergt einzelne Übungen der Abramović METHODE, die jenen des späteren Instituts entsprechen. Dort werde die Methode in einem sechsstündigen Kurs vermittelt. Sie erhöhe die körperliche und geistige Aufnahmefähigkeit, um nach den absolvierten Stunden, die Vorführungen der „lang andauernden Arbeiten beobachten zu können", so jedenfalls informiert die Website des MAI.

Im Prototyp dauert der Kurs nur zwei Stunden. Der Begleittext verspricht „ein Abenteuer mit sich selbst". Nach etwas Rudimäntar-Yoga, gibt es im «Wasser-Trink-Raum» schales Wasser, das gleichwohl „in jede Zelle des Körpers laufen werde". Verschiedentlich platzierte Kristalle sollen Energien leiten, sitzen oder liegen auf kantigem Holz-Mobiliar zu Konzentration verhelfen.

Man starrt sich an, bis die Augen tränen und fuchtelt anschliessend mit Neonröhren herum. Durch die Übungen wäre eine „Resonanz in Körper und Geist" zu erfahren, heisst es im Text.

Nach dieser Erfahrung ist man bestenfalls ratlos. Erweist sich der MAI-Prototyp doch als ein zusammenhangloser, mit esoterischem Hokuspokus garnierter Mix aus bruchstückhaften Yoga- und Meditations-Übungen. Aber nicht nur wegen des ärmlichen Modells sind hinsichtlich der Pläne Abramovics Zweifel angebracht.

Wenn Marina Abramović ein Bauhaus verspricht, eine internationale Begegnungsstätte, die wissenschaftliche wie künstlerische Disziplinen beherbergt und wenn sie verkündet hier „das Bewusstsein der Menschen auf diesem Planeten“ verändern zu können, muss man angesichts der tatsächlichen Gegebenheiten, um ihren Realitätssinn fürchten.

Hudson ist ein bedeutungsarmes Provinznest, umgeben von einschläfernder Landschaft, ohne grössere touristische Infrastruktur, ohne namhafte kulturelle Einrichtungen und ohne weitere Anziehungspunkte, die zum Verweilen einladen könnten. Mit dem Zug sind es von Manhatten zwei Stunden, mit dem Auto unter Umständen drei.

Weder die Finanzierung, noch die Erbringung der Betriebskosten des MAI scheinen sicher. Nur 75 $ soll eine sechsstündige Practice der Abramović METHODE kosten, erklärt sie. Aber was veranlasst sie zu hoffen, dass viele Besucher den Weg nach Hudson, zu ihrem Institut auf sich nehmen und den nicht eben günstigen Eintritt zahlen werden?

Ohne einen Moment des Zögerns antwortet sie mir, ihre Methode sei einzigartig. Punkt. Dann ergänzt sie, in der dekadenten, westlichen Gesellschaft sei die Beziehung der Menschen zu sich selbst und damit auch zur Natur verloren gegangen. Kunst könne diese Beziehungen revitalisieren. Ihr Institut sei deshalb als ein „Kultur-Spa" zu verstehen, in dem eine solche Revitalisierung möglich werde. Dies, glaubt sie, wollten viele Menschen erfahren.

Beuys reloaded. Abgesehen von dem Begriff „Spa", hat Beuys die Aufgabe der Kunst und damit seine Rolle als Heiler fast wortgleich beschrieben. Diese Dualität ist nicht zufällig, denn Beuys wurde ihr Mentor, nachdem sie 1973 in Edinburgh erstmals ausserhalb ihrer sozialistischen Heimat Jugoslawien aufgetreten war und er sich im Publikum befand. Sie macht keinen Hehl daraus, von Beuys gelernt zu haben.

Nicht zufällig daher auch, wie ähnlich ihre Karrieren sind. Beuys harrte dem Ersticken nahe in einer Filzrolle aus, stand regungslos, mit starrem Blick inmitten von Publikum. Stunden-, tage- und wochenlang, bis zur völligen Erschöpfung, trug er seine Aktionen und Ideen vor.

Ihre Performances sind von ebenso epischer Länge und von Selbstkasteiung bestimmt.

Bekannt wurde Abramović in den siebziger Jahren mit ebenso durchdachten, wie qualvollen Aktionen. So 1974, als sie sich in Neapel von einem Galerie-Publikum entkleiden und mit allerlei Gegenständen traktieren ließ. Sie hatte die Aktion «Rythm 0» genannt, was ihre völlige Inaktivität zum Ausdruck brachte.

Durch einen artifiziellen Vertrag selbstverpflichtet, lieferte sie sich dem Publikum während sechs Stunden wehrlos aus und sprach es zugleich von der Verantwortung für jegliche Handlungen frei, die an ihr vollzogen werden.

Nach anfänglichem Zögern zerschnitt man ihre Bluse, verletzte sie dabei, befingerte ihren nackten Körper, beklebte sie, bemalte sie, hielt ihr die Pistole an den Kopf. Stoisch ertrug sie alles, was mit ihr geschah. Ihre Aktion war eine beachtenswerte Meditation über die Fragilität von Moralvorstellungen, die vergessen sein können, sobald Menschen von der Verantwortung für ihr Handeln befreit werden.

Sie legte sich in einen brennendes Pentagram, bis sie wegen des Sauerstoffmangels ohnmächtig wurde. Beuys befand sich damals auf ihre Einladung in Belgrad und im Publikum. Er soll sie aus dem Feuerring gerettet haben.

Zu ihrem Nimbus trug bei, dass sie zumeist nackt auftrat, was seinerzeit noch skandalisierend wirkte. Jedoch war ihr Körper zentrales Objekt ihrer Kunst. Ein Objekt, das sie während ihrer Performances nicht selten über das für sie wie für das Publikum Erträgliche hinaus, marterte.

1975 verliebte sie sich in den deutschen Performance-Künstler und Fotografen Ulay (Frank Uwe Laysiepen). Mit ihm wurde sie zu einem kongenialen künstlerischen Duo, das die Extreme weiter ausreizte und hierbei bis heute gültige Massstäbe für Performance-Kunst setzte.

Er zielte mit einem Pfeil auf ihr Herz. Sie rannten ungebremst ineinander, ohrfeigten sich stundenlang. Während ihrer Performance «Night Sea Crossing» sassen sie sich wochenlang fastend und schweigend gegenüber, bis Ulay entkräftet aufgeben musste, sie hingegen entschied, alleine auszuharren.

Auch nach der Trennung von Ulay, 1988, gelangen ihr mitunter kraftvolle Motive. Ein Pentagram das sie sich mit einer Rasierklinge in den Bauch schneidet. Das Bild der Künstlerin in einem von Blut getränkten, weissen Gewand auf einem Haufen Rinderknochen sitzend, Totenlieder singend, damit beschäftigt die Knochen von verwesenden Fleischresten und Blut zu reinigen. Ein Statement gegen Gewalt und Krieg in ihrer damals noch jugoslawischen Heimat, das ihr 1997 den Grand Prix der Biennale von Venedig eintrug.

Nur wenige Performance-Künstler haben das existentielle Momentum ihrer Zurschaustellung ähnlich ausgereizt wie Marina Abramović und Joseph Beuys. Schliesslich entspricht selbst ihr öffentliches Verhalten dem Vorbild ihres Mentors. Wie Beuys ist auch Marina Abramović durch ihre mediale Popularisierung, durch Filme und unzählige Fotografien zu einer ikonenhaften Erscheinung geworden. Hier jedoch endet die Vergleichbarkeit beider.

Joseph Beuys empfand eine religiös zu nennende Berufung, er hatte ein Programm, die Verbreitung der antroposophischen Weltanschauung. Doch wofür steht Marina Abramović? Ist ihre Methode schon Programm?

Marina Abramović ist eine aufmerksame Sammlerin metaphysischer Phänomene, von Yoga- und Zen-Methoden, von esoterischen und holistischen New Age-Ideen. In vielen ihrer Arbeiten, vor allem in den heutigen, nutzt sie Samplings dieser Fragmente. Das ist modern und erfolgreich. Mehr nicht. Wenig in ihrem Werk, in ihren Äusserungen und Plänen weist darüber hinaus auf eine Beuys-ähnliche intellektuelle oder weltanschauliche Durchdringung hin.

So wendet man sich der Frage zu, ob nicht all ihre Schmerzensakte, ob nicht ihre frühesten Performances schon, vor allem anderen theatralische Inszenierungen ihrer selbst, ihres eigenen Mythos waren.

Gesichert ist, dass sie spätestens 1992 dic Arbcit an ihrer Mythologisierung aufnahm. In diesem Jahr traf sie den Galeristen Sean Kelly der zunächst die Nachlassenschaften ihrer Aktionen sichten und vermarkten sollte. Doch diese waren rar, denn Ulay hatte das Foto- und Film-Archiv ihrer gemeinsamen Jahre behalten.

Erst 1999 gelang es ihr das Archiv für 300.000 DM von ihm zu erwerben. Sie musste hierzu ein Darlehn aufnehmen, dass sie mit Performance-Auftritten und Lehraufträgen abarbeitete. Bis heute gibt es allerdings Differenzen zwischen Abramović und Ulay, über dessen prozentuale Beteiligung an den Erlösen aus der Verwertung des Archiv-Materials.

Ohne Ulay hatte sie Mühe neue Ideen zu entwickeln und suchte wohl auch deshalb die Hilfe des Regisseurs Charles Atlas, mit dem sie das Bühnenstück «Biography» realisierte, das ebenfalls 1992 uraufgeführt wurde.

«Biography» ist die um eine Kompilation früherer Performances herum inszenierte, allegorische Darstellung ihrer Vita. Ulay wurde durch einen Schauspieler ersetzt. Sie tourte mit «Biography» um die Welt, was maßgeblich zu ihrer heutigen Bekanntheit beitrug.

Das «Biography» Konzept wurde zu einem Grundmuster, das sie bis heute nutzt: Sie inszeniert sich selbst, in dem sie ihre alten Performances in zeitgemässem Styling rezikliert. Mussten es früher opulente, blutige Akte sein, hat sie sich nunmehr, auf aseptische Darstellungsweisen, auf Askese und Reduktion verlegt.

Zu der Zeit als sie «Biography» entwickelte, war Marina Abramović jenseits des vierzigsten Lebensjahres und wollte sich nicht nur künstlerisch, sondern auch als Frau neu erfinden. Mit Ulay hatte sie in einem Lieferwagen gelebt, sie trug Jeans und Selbstgestricktes. Nun begeisterte sie sich für Designermöbel und Mode. In Brasilien ließ sie ihre Brüste vergrössern, um solchermassen in ihrem Ego gestärkt, die Zuwendung jüngerer Männer zu suchen.

Einer dieser jungen Männer war der Ausstellungsmacher Klaus Biesenbach, den sie 1993 in Berlin kennen lernte. Sie begann damals eine Affäre mit Biesenbach, wie sie dem Journalisten James Westcott offenbarte. Biesenbach wurde ein enger Freund und Spin Doctor ihrer späten Karriere.

Der in Deutschland umstrittene Biesenbach verlegte sein Betätigungsfeld gegen Ende der Neunziger Jahre nach New York, wo er seit dem äusserst erfolgreich agiert und zum einem der Kuratoren des «Museum of Modern Art (MOMA)» aufstieg.

Er hat ein exzellentes Gespür für Kunst-Trends. Erfolgreich ist Biesenbach jedoch, weil er eine vielleicht noch grössere Begabung zum Socializing hat und so zu einem bestens vernetzten Society-Darling werden konnte. Sie folgte ihm 2005 nach New York. Durch seine Regie gelangte sie ebenfalls in diese Kreise, wie Biesenbach selbst betont, wenn er der New York Times zu Protokoll gibt, es wäre sein Verdienst, dass sich Marina Abramović im Umfeld amerikanischer Celebrities bewege. Schlussendlich hat sie Biesenbach ihre grosse MOMA-Retrospektive zu verdanken, die 2010 mehr als 700.000 Besucher anzog.

Attraktion der «The Artist is Present» überschriebenen Ausstellung war, kaum anders zu erwarten, Marina Abramović selbst. Im Atrium des Museums hatte sie ein Rechteck abgrenzen lassen. In dessen Mitte verharrte sie mit einem schmucklosen, bodenlangen Gewand bekleidet, insgesamt 736 Stunden lang auf einem einfachen Holzstuhl, um einzelnen Besuchern in die Augen zu blicken.

Auch diese Idee war nicht neu. Sie entsprach «Night Sea Crossing».

Weil sich herumsprach, dass immer wieder auch Stars und Prominente vor ihr saßen, bildeten sich bald lange Schlangen an den Kassen des MOMA. Als schliesslich die Sängerin Lady Gaga ihren Besuch über Twitter verkündete, entwickelte sich kollektive Hysterie. Zuletzt kampierten viele vor dem Museum in der Hoffnung, sich am nächsten Tag für wenige Minuten von Marina Abramović anstarren zu lassen.

Der gut gemachte Dokumentar-Film «The Artist is Present» vermochte diese Aufgeregtheiten nochmals zu verstärken. Er führte eine kleine, wohlerwogene Auswahl der 1565 Menschen vor in deren Gesichter sie blickte. Zunächst geben sie sich unbeteiligt und halten ihrem Blick stand. Mit einem Mal jedoch, dies suggeriert der Film, wirkt die Magie von Marina Abramović. Die Menschen lächeln seelig oder weinen oder brechen gleich schreiend zusammen.

Finanziert wurde der Film von dem Pay-TV-Sender HBO. Mit seiner TV-Ausstrahlung sowie weltweit in den Kinos sah ihn ein Millionenpublikum. Menschen überwiegend, die kaum etwas über Kunst wissen, nahmen Abramović durch diesen Film nur partiell als Künstlerin und vielmehr als Heilerin wahr. Weil sie solchermaßen einem Megatrend folgend, die spirituellen Bedürfnisse eines Massenpublikums bedient, ist Marina Abramović zu einem Pop-Phänomen geworden.

Sie war das zu Hysterie neigende Kind sozialistischer Heroen, Subjekt einer gefühlskalten Mutter, die schöne, junge Primadonna einer von Männern dominierten Kunstszene. Dann wird sie zur berühmtesten Performance-Künstlerin der Welt ausgerufen, die sich in Filmen und Theaterstücken feiern lässt. Heute ist sie eine durchgestylte, alterslose New Age-Heilige, die sich mit einer Schar junger, ihr ergebener Helfer umgibt und Anwälte über ihr Image wachen lässt.

Offenbar hat sie eine rapide wachsende Hybris entwickelt. Nicht nur ihre bizarren MAI-Ideen lassen dies vermuten. Derzeit scheint sie zu glauben, nicht einmal mehr einer aktiven künstlerischen Handlung zu bedürfen, ihr bloßes Erscheinen, ihre Aura allein sei genüge.

Im Mai lässt sie ihr Publikum in Genf ein wenig Zen üben und Reiskörner zählen. Doch kündigt sie unter dem Titel «512 hours» bereits eine weitere Marathon-Performance an. Vom 11. Juni bis zum 25. August wird sie sich während sechs Tagen der Woche, von 10:00 bis 18:00 Uhr in einem Raum der Londoner Serpentine Gallery aufhalten und dort ihr Publikum erwarten.

Sie werde nichts mitbringen und nichts tun. Sie werde sich der Situation mit den fremden Menschen überlassen. Das Publikum werde hierdurch zu ihrem lebenden Material. Durch «512 hours» werde sie beweisen, dass man Kunst mit nichts machen kann, erläuterte sie der BBC.

Konzeptionell ist «512 hours» eine Repetition von «Rythm 0». Doch wer weiss das schon. Es wird wieder Warteschlangen und hyperventilierende Fans geben, die „an einem beispiellosen Moment in der Geschichte der Perfomance-Kunst" teilhaben, wie die Serpentine Gallery in Verlautbarungen jubiliert.

Ist diese Aktion Kunst? Oder ist sie die Pseudo-Kunst einer ehemals interessanten Künstlerin, die in der intellektuellen Ödnis ihrer Celebrity-Welt die Orientierung verloren hat? Und findet sie nochmals den Weg heraus, den Weg zu sich selbst, zur einfachen Künstlerin Marina, wie es sich ihr Freund und Verehrer, der Schauspieler James Franco in seiner hellsichtigen TIME 100-Laudatio für sie wünscht?

Die Mutter Gottes der Kunst.

Über die Autobiografie von Marina Abramović. 2016

Die Kindheit in Belgrad, eine hartherzige Mutter, ihr Aufbruch, ihre Erfolge, Liebhaber und Masturbationsgewohnheiten: Marina Abramović, Königin der Aufmerksamkeitsökonomie, breitet dies alles aus in ihrer Autobiografie. Am 30. November wird die Serbin 70, gleichzeitig erscheint ihr Buch «Durch Mauern gehen». Ein weiteres Denkmal ihrer selbst, das viele große Momente ihrer Karriere in Erinnerung ruft, angesichts all der privaten Details jedoch fragen lässt: Sollte sie, diese außergewöhnliche, mit Preisen überschüttete Künstlerin, nicht ihr Mysterium bewahren?

Schon 2012 lief der Film «The Artist Is Present» weltweit in den Kinos und verbreitete die Saga einer Künstlerin, die sich über profane Ausübung von Malerei oder Bildhauerei zu erheben scheint. Zuvor hatte bereits Robert Wilson Abramovićs Leben als Theaterstück inszeniert. Lady Gaga nannte sie ihre Inspiration. James Franco ließ sich von ihr mit Blattgold bekleben. 2014 wurde sie vom «Time»-Magazin zu den 100 einflussreichsten Persönlichkeiten der Welt erkoren.

Marina Abramović, 1946 in Belgrad geboren, war ein verträumtes, scheues Mädchen, das unter Migräneanfällen litt. Ihre Eltern hatten im Krieg als Partisanen gekämpft und genossen die Privilegien kommunistischer Funktionäre. So wuchs Marina in der Obhut von Dienstmädchen auf, während das Volk darbte.

Diese frühen Jahre schildert sie als Trauma. Die Mutter habe sie körperlich und seelisch misshandelt. Sie sei geschlagen und oft in einen Wandschrank gesperrt worden, in dem sie mit Geistern sprach, schreibt Abramović:

„Spirituelle Wesen - schimmernd, formlos und lautlos ... Ich redete mit ihnen. Es kam mir vollkommen normal vor, dass sie da waren. Sie waren Teil meiner Realität, meines Lebens“.

Marina ist schon siebenundzwanzig, als sie sich von ihrem Elternhaus löst und von ihrer Heimat Jugoslawien fortstiehlt. Ohne Erlaubnis der Autoritäten reist sie 1973 nach Edinburgh, um an einem Kunstfestival aufzutreten. Vorher sie hatte sich in Malerei versucht. Nun wollte sie einen neuen Weg einschlagen, sich der in seinerzeit populären Aktionskunst zuwenden.

Sie breitete sie einen grossen Bogen weisses Papier aus. Ein maskulines Trinkspiel nachahmend stach sie anschliessend mit zehn verschiedenen Messern zwischen ihre gespreizten Finger. Bald ergoss sich das Blut ihrer Fehlversuche auf das Papier. Es war ihr erster Auftritt als Performance-Künstlerin.

„In dem Augenblick wusste ich, dass ich mein Medium gefunden hatte. Kein Gemälde, kein Objekt, das ich erschuf, würde mir jemals dieses Gefühl geben können, und ich wusste, dass ich dieses Gefühl immer und immer wieder suchen würde.“

Im Publikum befand sich Joseph Beuys, der sich von der Aktion wie von der attraktiven jungen Künstlerin beeindruckt zeigte.

„Beuys war für mich so wichtig, weil ich in ihm jemanden fand, dem ich vertraute, den ich respektierte und der an mich als Künstlerin glaubte. Das war großartig für mich“, so Abramović im Gespräch mit dem Autor.

Trotz ihres prominenten Mentors blieb sie zunächst nur Insidern bekannt, weil die von ihr praktizierte Performance eine wirtschaftlich unattraktive Nische der Kunstwelt ist. Nachdem sie begann nackt aufzutreten, wuchs ihre Bekanntheit. Ihre Einkünfte hingegen blieben dürftig, denn wie will man eine Kunstaktion vermarken?

Als Marina dem deutschen Performance Künstler Uwe Laysiepen (Ulay) begegnete, wurde er Lebenspartner und künstlerisches Alter Ego für sie. Jahrelang lebten sie in einem umgebauten Lieferwagen, führten vor kleinem Publikum ihre riskanten, schmerzhaften Aktionen durch.

Der zwischen ihnen gespannte Bogen dessen Pfeil auf ihr Herz zielt, als sie stundenlang nackt ineinander rennen oder sich ins Gesicht schlagen, gemeinsam entwickelten sie in dieser Zeit Performances, die heute zum kunsthistorischen Kanon zählen.

1988 wurde sie von Ulay für eine Jüngere verlassen. Zutiefst verletzt und zugleich in ihrem Ehrgeiz angestachelt, trieb sie ihre Karriere voran. Ihre Auftritte fanden jetzt in grossen Theatern statt.

Sie engagierte einen Galeristen der Fotos ihrer Auftritte vermarktete und Sponsoren für ihre Aktionen akquirierte. Knapp zehn Jahre nach der Trennung von Ulay erhielt sie für ihre Performance «Balkan Baroque» den Goldenen Löwen der Biennale von Venedig, einen der begehrtesten Kunstpreise überhaupt. Dann ging sie nach Paris, wo eine Dozentur auf sie wartete.

„Zum ersten Mal in meinem Leben hatte ich richtig Geld“, erinnert sie sich. Womit sie zugleich eine Vorliebe für Designer Mode entwickelte: *„... mit den tollen Kleidern begann für mich eine ganz neue Lebensphase.“*

Sie posierte erstmals für ein Modemagazin, was ihrer Eitelkeit ebenso schmeichelte wie jüngere Liebhaber, denen sie sich jetzt zuwendete. Einer dieser Liebhaber war der deutsche Ausstellungsmacher Klaus Biesenbach. Eine folgenreiche Liaison. Denn es war Biesenbach, der ihr zum finalen Durchbruch verhalf.

Im Mittelpunkt des Films «The Artist Is Present» steht die gleichnamige Performance, die Abramović im Frühjahr 2010 während ihrer von Biesenbach organisierten Retrospektive im New Yorker Museum of Modern Art, MoMA, aufführte. An sechs Tagen der Woche, acht Stunden ohne Pause, sass sie regungslos und stumm auf einem Stuhl. Ihr gegenüber ein leerer Stuhl auf dem sich Besucher niederlassen sollten

Zunächst blieb das Interesse dürftig. Als sich jedoch in den sozialen Medien verbreitete, dass Prominente wie Björk, James Franco, Sharon Stone oder Lou Reed auf dem Stuhl ihr gegenüber Platz nehmen, entwickelte sich ein Hipe. Lange Besucherschlangen und Menschen die in Tränen ausbrechen, wenn sie endlich vor ihr sitzen, werden dokumentiert. Was eigentlich nur Hysterie ist, die Reaktion hyperventilierender Menschen wenn sie einem Star begegnen, war willkommener Effekt für den Film und wurde hier zum Erweckungserlebnis stilisiert.

Der Film ist auch deshalb wesentlich für Abramovićs heutige Popularität, weil er auf Interessen der jungen Generation trifft: Gender und Spiritualität. Die willensstarke Frau in der von Männern dominierten Welt, die Heilerin, Abramović verbindet beides und wurde somit zu einer Art eine New-Age-Heiligen.

In den Jahren nach diesem Erfolg übertrieb sie es mit dem New-Age-Aktionismus. Sie verstieg sich darauf, mit der sogenannten Abramović-Methode heilende Kräfte zu vermitteln. Zugleich unterlag sie ihrem großen Geltungsbedürfnis. Schönheitschirurgisch geglättet, sah man sie in Aktionen mit Stars wie Lady Gaga oder Jay-Z.

Wer Abramović bei einer Vernissage erlebt, wenn sich Jugendliche um sie drängen, nur um sie sehen oder gar berühren zu dürfen, versteht die Wirkungsmacht ihrer heutigen medialen Omnipräsenz. Wenn sie auftritt sind das Millionen von Facebook-Likes und Youtube-Klicks. Kein lebender Künstler hat jemals eine derartige Popularität erlangt, nicht einmal Andy Warhol.

An diesem Punkt entzündet sich allerdings, die immer lautere Kritik aus der Kunstszene. Während Warhols Flirt mit Popstars ironisierender Bestandteil seiner Kunst war, wirkt dies bei Abramović unreflektiert und prätentiös. Und auch wenn sie ihren esoterischen Aktionismus auf die Spitze treibt, Probanden auf mit Kristallen gespickten Stühlen hocken, Wasser trinken oder Reis zählen lässt, schmilzt ihr Kredit bei Kunstfachleuten.

Klug beraten hätte es bei ihren aktuellen Präferenzen belassen sollen. Nun jedoch ist sie ihrem Geltungsdrang erlegen und hat ihre Memoiren publiziert, die den kaum ironisch zu verstehenden Titel «Durch Mauern gehen» tragen. Vermutlich stand auch «Übers Wasser gehen» zur Diskussion. Für die Abfassung des Buchs engagierte sie einen Ghostwriter, der bereits eine Biografie über Frank Sinatra geschrieben und als Co-Autor für den Komiker Jerry Lewis gearbeitet hatte.

Das Buch ist eine in peinigend schlechter Sprache verfasste Aneinanderreihung von Geschehnissen. Reflexion, Herleitungen, Hintergründe, Zusammenhänge - irgendetwas Erhellendes über ihr Denken fehlt. Stattdessen werden Intimitäten ausgebreitet: *„Ich war jung und hatte Lust auf Sex."*

Wer mehr über Übersinnliches, die Wirkung von Kristallen oder Tarot-Karten erfahren will, ist mit dem Buch gut versorgt. Denn selbstverständlich widmet sie sich nun auch in diesem Druckwerk ihren esoterischen Interessen und man staunt über ihre hellseherischen Fähigkeiten:

„Ich träumte von einem Erdbeben in Italien – achtundvierzig Stunden später bebte in Süditalien die Erde. Ich hatte eine Vision, in der auf den Papst geschossen

wurde - achtundvierzig Stunden später versuchte tatsächlich jemand, Papst Johannes Paul II. zu erschießen."

Allerhand solch seltsamer Passagen, finden sich in diesem Buch. Etwa wenn sie über das Design ihres Elternhauses reflektiert: *„Als Kind empfand ich unsere Wohnung als herrlich luxuriös. Später erfuhr ich, dass sie einmal einer wohlhabenden jüdischen Familie gehört hatte und während der Besatzung von den Nazis beschlagnahmt worden war. Später wurde mir auch klar, dass die Bilder, die meine Mutter in unserer Wohnung aufgehängt hatte, nicht sonderlich gut waren. Wenn ich so zurückblicke, war dieses Zuhause wirklich schrecklich."*

Bedauerlich für die jüdische Familie, schlimmer jedoch die grauenvollen Bilder.

Nach Lektüre dieses Buchs stellt sich die grundsätzliche Frage, ob Künstler sich und damit ihr Werk offenbaren sollten. Will man wirklich um die alltägliche Banalität wissen, der sich auch ihr Dasein nicht entziehen kann?

Ein besseres Buch hätte noch etwas vom Mythos der einstmals interessanten Künstlerin retten können. Mit Veröffentlichung dieser peinlichen Selbstbeweihräucherung jedoch, hat sich Abramović endgültig aus der künstlerischen Avantgarde katapultiert. Jetzt ist auf ein überragendes Alterswerk zu hoffen, das diesen publizistischen Fehltritt vergessen macht.

(Anm. Das Umschlagfoto zeigt Marina Abramović während einer Vernissage. Das Foto auf Seite 5 zeigt Marina Abramović mit Hans Peter Riegel)

Image.

Über die Vermarktung von Kunst. 2017

Der Kunstmarkt ist in krank. Zwar werden immer neue Preisrekorde aufgestellt, gleichzeitig jedoch breitet sich das Sterben kleiner und mittlerer Galerien rasend schnell aus. Was zur Folge hat, dass etablierte Künstler ohne die langjährigen Galerie-Partner ihre wesentlichen Einkünfte verlieren, während junge Künstlerinnen und Künstler vergeblich nach Galerien suchen, die das Wagnis eingehen, sie zu präsentieren.

Vor diesen Hintergrund und kaum anderes als in der übrigen Gesellschaft, dividiert sich der Kunstmarkt in eine Upper Class reicher Kunststars und ein Prekariat aus Kunstnachwuchs sowie ehemals gut verdienenden Exponenten der künstlerischen Mittelklasse.

Wie jedoch entsteht diese Schere? Welche Faktoren entscheiden über künstlerischen Erfolg?

Künstlerische Identitätsbildung ist ein überaus komplexer Prozess, bei dem sich die Entstehung und Wandlung des Werkes mit dessen Rezeption verbindet, womit sich wiederum die öffentliche Wahrnehmung der Künstlerpersönlichkeit entwickelt. Im Bestreben nach Aufmerksamkeit für ihr Werk und damit verbundenem persönlichem Erfolg, sind Künstler vom geschmeidigen Zusammenspiel dieser Faktoren abhängig.

In der Regel bemühen sich Galerien, schon zum eigenen Nutzen, um diese Faktoren und rücken ihre Künstler in den Fokus der Kunstinteressierten. Bei diesem herkömmlichen Geschäftsmodell des Kunstmarkts geben Künstlerinnen und Künstler wesentliche Aspekte ihrer öffentlichen Wahrnehmung in die Verantwortung ihrer Galeristinnen oder Galeristen.

Somit entsteht eine nicht ungefährliche Rückkoppelung zwischen deren wirtschaftlichem Interesse und der Positionierung von künstlerischen Werken sowie deren Schöpfern. Mit derartigem Einfluss von Galeristen auf die Marktpräsenz und Preisgestaltung werden Karrieren gesteuert oder zumindest justiert und im schlechteren Fall beschädigt.

Vor allem international agierende Großgalerien, die mit Teams entsprechend professioneller Mitarbeiter Künstler wie Popstars managen, beeinflussen deren Werdegang erheblich. Hier agiert man mit langfristig geplanten Strategien, die im Fall von Konsumgütern als Markenbildung, als «Brandbuilding» bezeichnet würden.

Da nur wenige Künstler überhaupt fähig wären, neben ihrer Arbeit derart komplexe Prozesse zu steuern, begeben sie sich oftmals schon früh in die erfolgsversprechende Abhängigkeit von Galerien, denen sie ihre „Entdeckung" zu verdanken haben. Gesichert durch Verträge, Zuwendungen für den Atelierbetrieb, arrondiert mit der Bereitstellung persönlicher Assistenten.

Künstler mutieren auf diese Weise mit ihrer Kunst zum unverwechselbaren Markenprodukt. Sie erlangen ein «Image» werden zu einer «Marke» (Brand).

Was nicht immer zum Vorteil ihrer künstlerischen Entwicklung ist. Denn Kunstkäufer verlangen nach konsistenten Oeuvres, verbunden mit der Künstlerpersönlichkeit, die „für etwas steht". Neue künstlerische Ideen, Abweichungen vom bekannten Sujet also, goutieren die Kunstkäufer selten. Weshalb nicht wenige Künstlerinnen und Künstler mit Blick auf ihr Konto das Wagnis scheuen und sich in den goldenen Käfig ihres eigenen Erfolgs begeben.

Im Endeffekt ist es im Kunstmarkt nicht anders als im Konsumgütermarkt. Gibt es zwei Produkte die vergleichbar sind, entscheidet sich der Käufer im Zweifel für das

Produkt mit dem besseren Image. Was wiederum zur fatalen Situation führt, dass sich heute Kunst von nicht etablierten Künstlerinnen und Künstlern, die eben keine «Marke» sind, kaum vermarkten lässt.

Entscheidend für eine erfolgreiche Karriere ist deshalb nur noch selten allein die Qualität eines Œuvres. Es zählt vielmehr der Faktor Image, der aus geschickt orchestriertem Zusammenwirken von diversen Einzelfaktoren entsteht. Der sich für Künstler aus der eigenen Marktbedeutung wie der Bedeutung ihrer Galerie sowie deren Vernetzung mit wichtigen Sammlern, Kritikern und Kuratoren ergibt.

Immer häufiger jedoch entwickeln Künstlerinnen und Künstler Formen der Eigenvermarktung. Künstlerische Megastars wie Damian Hirst oder Jeff Koons sind «Brands» und längst schon Unternehmer mit eigenen Marketing-Abteilungen. Für diese Megastars agieren Galerien nur noch als Vertriebs-Partner.

Für junge Künstler hingegen ist es heute oft die Not, dass sie keine Galerien für die Vermittlung ihrer Werke finden, aus der neue Strategien geboren werden.

Damit verbunden sind auch ideelle Haltungen zur Treibfeder für Veränderungen geworden - die grundsätzliche Ablehnung des aktuellen Kunstmarkt-Geschehens, wie der herkömmlichen Kunstvermarktung vor allem. Viele Kunstschaffende wollen ihr Werk und damit sich sich selbst, nicht mehr zu einem durch Kommerzialisierung bestimmten Produkt degradieren lassen.

Hierbei spielen die Möglichkeiten des Internet eine erhebliche Rolle. So entstehen einerseits neue Formen künstlerischer Selbstdarstellung, etwa durch Videos und Blogs. Andererseits sieht man fast täglich neue Web-Galerien, ebenso wie hybride Formen aus Web- und PopUp-Galerien. Die Kunstwelt ist mehr denn je in Bewegung.

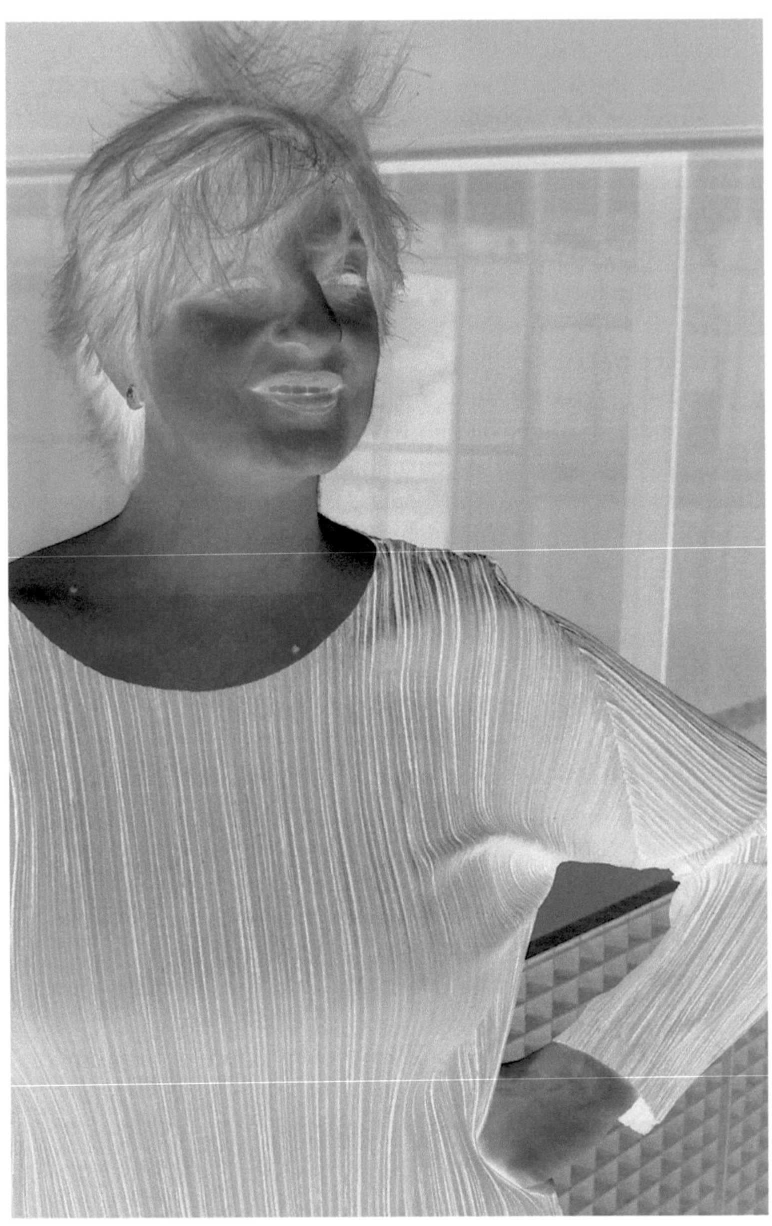

Die Eminenz.

Über die Galeristin Eva Presenhuber. 2016

Diskrete Treffen ohne Aufnahmegerät und ohne später Namen nennen zu dürfen. Hintergrundgespräche über die Galeristin Eva Presenhuber sind von einer gewissen Konspiration begleitet. Entschuldigend und auch ein wenig mahnend, wird von Gesprächspartnern ihr weitreichender Einfluss genannt, den es zu beachten gelte.

Die zweiundfünfzigjährige ist neben Monika Sprüth und Philomene Magers (Sprüht Magers), die erfolgreichste Galeristin ihrer Generation. Sie vertritt Top-Künstler wie Doug Atkin, Douglas Gordon, Richard Prince, Ugo Rondinone, Oscar Tuazon, Fischli und Weiss sowie die Nachlässe von Franz West und Dieter Roth.

Zudem ist Eva Presenhuber eines von sechs Mitgliedern des Auswahlkomitees, das darüber befindet, welche Galerien als Aussteller an die «Art Basel» zugelassen werden. Mit ihren Ablegern in Miami und Hong Kong, ist die Art die bei weitem umsatzstärkste Kunstmesse der Welt. Allein für Basel gehen in jedem Jahr mehr als eintausend Bewerbungen ein, doch nur rund dreihundert Galerien werden als «Art»-würdig akzeptiert.

Sie gilt als Wortführerin einer Jury, deren Votum existentielle Konsequenzen haben kann. Eine Galerie die nicht an die Art zugelassen oder gar aus dem Ausstellerkreis entfernt wird, muss nächst dem Reputationsschaden, erhebliche wirtschaftliche Nachteile in Kauf nehmen.

Als die Berlin und Leipzig agierende Galerie Eigen + Art von Gerd Harry „Judy“ Lybke 2011 ausgeschlossen wurde, hieß es zunächst, Lybke sei Opfer eines markttechnischen Powerplays der in der Jury vertretenen Galerien mit Berliner Standort gewesen.

Allerdings soll Eva Presenhuber, die eine Vorliebe für Konzeptkunst und ästhetisch anspruchsvolle Präsentationen pflegt, zumindest nicht gegen den Rauswurf Lybkes gewesen sein. Dessen Malerei-lastige, unorthodoxe Präsentation hätten ihr nicht behagt, ist zu hören. Solche Darstellungen sind branchenübliches Geraune, denn über die Interna der Jury wird nichts publik.

Gleichwohl führt der Umstand, dass an der «Art» ausstellende Galeristen über die Zulassung von Wettbewerbern urteilen, zwangsläufig zu Konflikten, die selten mit offenem Visier ausgetragen werden. Es ist daher eine zwiespältige Bekundung von Respekt, wenn Marktteilnehmer Macht als für Eva Presenhuber kennzeichnendes Attribut nennen.

Wenn man sich zu ihr begibt, werden erst einmal sämtliche Stereotypen bestätigt, die man über sie erfährt. Schon die musealen Dimensionen der hohen, weitläufigen Halle ihrer Galerie an bekannt kostspieliger Lage in Zürich-West, haben den Gout einer Macht-Demonstration. Schließlich führt der Weg über eine große Terrasse, mit der ihr persönliches Büro von den Büros ihrer Mitarbeiter getrennt ist. Es mögen die räumlichen Gegebenheiten des umgebauten Fabrikgebäudes sein und doch ist man unweigerlich an königliche Vorhöfe erinnert.

Das Bild vervollständigt sich mit ihrer physischen Präsenz. Eva Presenhuber überragt viele Männer um Haupteslänge. Zwar ist ihr Händedruck sanft und ihre Stimme hat eine angenehm warme Tonalität. Gleichwohl ist ihre Diktion nachdrücklich, mit der sie einer nervösen jungen Mitarbeiterin aufträgt, Kaffee zu bringen.

Vor sich auf dem Schreibtisch hat sie ein iPad aufgestellt, dass sie, wohl eingehende Mails lesend, kaum aus den Augen lässt. Spitzen-Kunst ist eine begehrte Ware. Sammler die hierfür Millionenbeträge auszugeben bereit sind, erwarten von den Galeristen Präsenz und schnelle Reaktion. Vielleicht ist das iPad Konsequenz dieser Umstände. Vielleicht ist es auch einem Kontrollbedürfnis geschuldet.

Eva Presenhuber stammt aus Oberösterreich, eine Herkunft die in ihrer Sprachfärbung noch fern zu erahnen ist. Ihre Kindheit in Neuzug, einem Dorf an dem Fluss Steyr, nahe der gleichnamigen Barockstadt, empfindet sie als glücklich. Sie hat zwei Schwestern und einen Bruder. Die spätere Kuratorin Hedwig Sachsenhuber, ist ihre Schulfreundin. Ihre Eltern führen eine Bäckerei, die aus der mütterlichen Familie ererbt ist.

Sehr offen spricht sie über ihren Vater, der Mitglied der Leibstandarte Adolf Hilters war. Er habe als junger Mann Arbeit gesucht, weswegen er in den Einfluss der Nationalsozialisten und damit nach Berlin geraten sei. Diese Umstände habe er sich zeitlebens nicht verziehen.

Wie ihre Schwester Gertraud, will Eva Presenhuber der heimischen Provinzialiät entfliehen, indem sie eine künstlerische Laufbahn einschlägt. Gertraud wird Fotografin, sie studiert in Graz Keramik. Anschliessend wechselt sie an die Wiener Universität für angewandte Kunst.

Noch als Studentin jobbt sie in Galerie von Grita Insam, deren Schule aus Konzept- und Medienkunst für Eva Presenhuber prägend wird. Noch bei Insam kuratiert sie ihre erste Guppenausstellung mit dem Titel «Melancolia». Gerwald Rockenschaub, der hieran teilnimmt, ist bis heute auf ihrer Künstlerliste.

Durch «Melancolia» begreift sei, dass ihr Interesse und wohl auch Talent, weniger dem Kunstschaffen, als der Kunstvermittlung gilt. Dann begegnet sie in der Bildhauerklasse von Ernst Carmelle dem Schweizer Künstler Ugo Rondinone. Und es ist Rondinone, der sie letztendlich davon überzeugt, Galeristin zu werden. Sie habe diese Entscheidung „als befreiend empfunden".

Gemeinsam gehen sie nach Zürich. Sie heiraten. Damals war es noch schwierig auf anderem Weg eine Aufenthaltsbewilligung zu erlangen. Das ist 1989 und Eva Presenhuber übernimmt die künstlerische Leitung eines Vereins, der eine Galerie mit dem Namen «Walcheturm» betreibt.

„Damals gab es noch nichts in Zürich. Deshalb bin ich erst einmal herum gegangen und habe mich umgeschaut. Ich habe versucht Leute kennenzulernen, habe mich darum bemüht interessante Künstler und Mitstreiter zu finden", blickt sie auf diesen Anfangsmoment zurück.

Bald ist sie nicht nur in Zürich, sondern auch in der internationalen Kunstszene bestens vernetzt. Es entstehen jene personellen Konstellationen auf deren Basis ihr ungewöhnlich schneller Erfolg basiert und die für ihr Wirken bis heute tragend sind.

Der «Walcheturm», in dem auch Lesungen und Konzerte stattfinden, wird zum Epizentrum des später so genannten Zürcher Kunstwunders. Sehr früh zeigt sie Pippilotti Rist, Beat Streuli und natürlich Ugo Rondinone, dann bekanntere Grössen wie Fischli und Weiss. Sie entdeckt die Amerikanerinnen Karen Kilimnik und Sue Williams für den europäischen Markt. Aus dem Programm von Grita Isam zeigt sie Candida Höfer und Peter Weibel.

Ihre wichtigsten Coups sind jedoch Franz West, den sie 1995 erstmals im «Walcheturm» ausstellt und die Entdeckung von Urs Fischer, den sie ein Jahr später präsentiert. Wie nahezu alle Künstler welche sie dort in Einzelausstellungen zeigt, kann sie West und Fischer an sich binden. Beide werden künstlerisch und ökonomisch zu ihren Zugpferden.

Es erweist sich als günstige Fügung, dass dem Galerieverein ein paar größere Sammler verbunden sind. Einer dieser Sammler ist Michael Ringier, Hauptaktionär des grössten Medienunternehmens der Schweiz. Ringier wird zu einem ihrer Förderer.

Ihm folgt die in der Zürcher Kunstszene engagierte Milliardärin Maja Hoffmann, Stiftungsrätin der Stiftung Kunsthalle Zürich und deren bedeutende Geldgeberin. Sie ist Erbin und Teilhaberin des Pharma-Riesen «Hoffmann la Roche» sowie Cousine von Maja Oeri, ebenfalls Milliardärin, deren «Laurenz-Stiftung» das «Schaulager» in Basel führt, in dem die «Emanuel Hoffmann Stiftung» ihrer Familie eine der grössten privaten Kunstsammlungen der Welt bewirtschaftet. Soeben erwarb das Kunstmuseum Basel mit millionenschwerer Zuwendung von Maja Oeri, die «Verkündigung nach Tizian» von Gerhard Richter.

Durch den Erfolg des «Walcheturms» wird der junge Kunsthändler Ivan Wirth auf Eva Presenhuber aufmerksam. Wirth hat den Auftrag die Sammlung seiner späteren Schwiegermutter, der Unternehmerin Ursula Hauser, mit aktuellen Positionen neu zu strukturieren. Wirth, ein Newcomer in der Branche, will sich Know-how und Künstler der agilen Galeristin sichern.

Eva Presenhuber wiederum erkennt die Chance, ihre Aktivitäten mit dem Kapital von Ursula Hauser und der um «Hauser & Wirth» vergrösserten Galerie auszuweiten, zu deren Kunden der deutsche Groß-Sammler Friedrich Christian Flick zählt.

1998 wird sie Teilhaberin der neu formierten Galerie «Hauser & Wirth & Presenhuber». Damit verbunden bezieht sie Galerieräume im «Löwenbräu-Areal», dem begehrtesten Galerie-Standort Zürichs, einem Komplex aus Galerien und den institutionellen Kunsträumen Kunsthalle und «Migros Museum» für Gegenwartskunst.

Es ist nicht zuletzt ihr kuratorisches Geschick, dass «Hauser & Wirth & Presenhuber» zu einer der international führenden Galerien für Gegenwartskunst macht. 2003 trennt sie sich jedoch von «Hauser & Wirth».

„Das interne Verhältnis war nicht ausgewogen, weil Wirth die finanzielle Power eingebracht hatte. Es gab immer wieder Probleme hinsichtlich der Zuständigkeiten und ich fühlte mich zunehmend unwohl“, so Presenhuber.

Mit der Trennung von «Hauser & Wirth» entsteht jener Argwohn, der bis heute das Gewispere über Eva Presenhuber durchzieht. Nicht wenige hatten einen Rückschlag in ihrem bislang so steilen Aufstieg erwartet und manche hatten diesen wohl neidvoll erhofft. Doch bis auf Pipilotti Rist bleiben ihr alle Künstler wie auch die Sammler Hoffmann und Ringier treu. Sie kann die Etage im prestigeträchtigen «Löwenbräu-Areal» behalten und schon im ersten Jahr des Bestehens wird ihre Galerie an die «Art Basel» zugelassen.

Ihre bruchlose Karriere als Galeristin soll jedoch nicht nur durch diese Umstände gesichert worden sein. Wie viele andere Galeristen habe sie potente Geldgeber gehabt, die ihren Start nach der Trennung von «Hauser & Wirth» erleichterten.

„Das ist totaler Unfug“, widerspricht sie energisch. „Natürlich sind mir Sammler in die neue Konstellation gefolgt. Allerdings hat meine Galerie von Anfang an unabhängig von irgendwelchen Financiers funktioniert“.

Hiervon abgesehen sind die Verbindungen, welche sie noch zu Zeiten des «Walcheturms» umsichtig aufgebaut hat, bis heute Teil ihres Erfolgs. Verbindungen nicht mit Künstlern und Sammlern.

Von Anfang an zählen auch heute überaus prominente Kuratoren zum Inner Circle um Eva Presenhuber. Beatrix Ruf beispielsweise, damals noch am Kunsthaus Glarus engagiert, anschließend von 2001 an, Direktorin der «Kunsthalle Zürich» und neben Maja Hoffmann, Stiftungsrätin der «Stiftung Kunsthalle Zürich». Zudem ist Ruf seit 1995 künstlerische Leiterin der Ringier-Sammlung. Ab November diesen Jahres ist sie Direktorin des renommierten «Stedelijk van Abbe Museums» in Amsterdam.

Künstler die bei Presenhuber ausstellten, wurden hiernach mit einer von Ruf kuratierten Ausstellung in der Zürcher Kunsthalle geadelt. Zugleich hat die Beratung Rufs wohl nicht unerheblichen Anteil daran, Künstler von Eva Presenhuber in den Sammlungen von Ringier und Hoffmann zu platzieren.

Dass in den vergangenen beiden Dekaden mit Ruf und Presenhuber zwei Frauen in der Schweizer Kunstszene tonangebend waren, zudem noch eine Deutsche und eine Österreicherin, behagt nicht jedem, wie man allerdings erst erfährt, wenn das Aufnahmegerät fern ist. Doch Kunstszenen sind in aller Welt, in der kleinräumigen Schweiz vielleicht noch ein wenig mehr, von Eitelkeiten und Missgunst getränkte Biotope.

„Das amüsiert mich allenfalls“, sagt sie. „Aber eigentlich interessieren mich diese Spiele nicht“. Und auch von feministischen motivierten Frauenbünden hält sie wenig. „Wer als Galeristin erfolgreich sein will, tut gut daran, sich wie männliche Konkurrenten nur für die Regeln des Marktes zu interessieren“, gibt sie zu verstehen.

Neben Ruf zählt Hans Ulrich Obrist zum Freundeskreis von Eva Presenhuber. Obrist gilt heute als einer der einflussreichsten Protagonisten des internationalen Kunstbetriebs. Er ist Co-Direktor der Londoner Serpentine Gallery und unter anderem Vertrauter von Gerhard Richter, dessen Retrospektive in der Basler «Fondation Beyeler» er gerade erst kuratierte.

Wie eng das Geflecht der wechselseitigen Beziehungen ist, illustriert der Umstand, dass Obrist ebenfalls als Stiftungsrat der LUMA-Stiftung von Maja Hoffmann fungiert, die vor kurzem bekannt gegeben hat, im französischen Arles rund 100 Millionen Euro in ein Zentrum für moderne Kunst zu investieren.

Die LUMA-Stiftung unterhält gleichfalls einen voluminösen Ausstellungsraum im Zürcher Löwenbräu-Areal sowie eine dort ansässige Organisation namens „Pool“, ein Mentoren-Programm, in dem Nachwuchs-Kuratoren fortgebildet werden sollen. Als Gründer beziehungsweise „Founding Collectors“ von Pool werden Hoffmann, Ringier und Ruf genannt.

„Ihr Vorteil war von außen zu kommen und damit über einen weiteren Blickwinkel zu verfügen. Sie wollte etwas bewirken hat sofort erkannt, dass das in Zürich möglich war. Hierfür fand sie dann sehr schnell die richtigen Partner“, erinnert sich Obrist.

Zugleich unterstreicht Obrist den Rang von Eva Presenhuber: „Es gibt in jeder Generation herausragende Galeristen, die sich mit ihren Künstlern entwickeln. Konrad Fischer war ein solcher Galerist, der einen sehr engen Dialog mit seinen Künstlern führte. Eva Presenhuber ist ihm darin sehr ähnlich.“

Wegen dieser intensiven, sehr persönlichen Betreuung, blieben ihr Künstler verbunden. Auch ohne Verträge, was sie nicht ohne Genugtuung hervorhebt. „Ich habe nur einmal in den fünfundzwanzig Jahren meiner Tätigkeit eine Enttäuschung erlebt“. Sie spielt damit auf Urs Fischer an, den Schweizer Kunst-Superstar, dessen Entdeckerin und Haupt-Galeristin sie bis vor kurzem war.

Für die Trennung lägen keine spezifischen Gründe vor, erklärt sie. Dennoch scheint es ein eher zähes Auseinanderleben gewesen zu sein. „Natürlich haben gab es in den letzten Jahren Konflikte, bevor es so weit kam. Aber dann ist es auch ok, weil man denkt, dass diese Konflikte jetzt vorbei sind.“

Indessen offenbart sie Verletzlichkeit, wenn sie gesteht, die Umstände der Trennung als bedrückend zu empfinden: „Es ist natürlich schade, dass man mit einem Künstler fünfzehn Jahre zusammengearbeitet hat und das dann mit einem Mal wie ausgelöscht ist."

Wenn nun ausgerechnet Larry Gagosian, der weltweit größte Händler zeitgenössischer Kunst Haupt-Galerist von Urs Fischer ist, dürfte vor allem ökonomische Gründe haben. Gagosian lockt Künstler mit seinem weltumspannenden Galerie-Imperium, das ihnen mehr Ausstellungen und damit höhere Verkaufszahlen verspricht, als dies anderen Galerien möglich ist. Gagosian ist damit vor allem für so genannte Erfolgs-Künstler interessant. Künstler die überzeugt sind, auf die inhaltliche Betreuung ihres Galeristen, beziehungsweise ihrer Galeristin verzichten zu können oder zu wollen.

Der Wechsel Urs Fischers von ihr, der Programm-Galeristin, zu Gagosian dem Händler, ist exemplarisch für die aktuelle Entwicklung des Kunstmarkts. Galerien die über mehrere internationale Standorte verfügen, werden zu umsatzstarken Handelsplätzen für Kunst. Ihre ökonomische Stärke ermöglicht ihnen zudem, Ausstellungen ihrer Künstler in Museen regelrecht zu erkaufen, womit die Preise dieser Künstler weiter empor getrieben werden.

Kaum ein Künstler und kaum eine Galerie würde sich vorsätzlich der monetären Sogkraft dieses Marktes entziehen. Auch Eva Presenhuber profitiert trotz ihres höchst anspruchsvollen Programms von dieser Entwicklung, da ihr Künstlerstamm international ausgerichtet ist und sie mit Installationen, Konzept- und Medienkunst thematisch marktkonform positioniert ist. Ausserdem hat sie ihr Programm im Bereich der leichter verkäuflichen Malerei inzwischen deutlich erweitert.

„Bewerbungen schaue ich gar nicht erst an.“ Wer es dennoch bis zu ihr geschafft hat, kann sich einer sicheren Zukunft gewiss sein. Dass sie hierbei Künstler nicht jedes Mal selbst entdeckt, sondern von kleineren Galerien übernimmt, ist eine Konsequenz des in der Welt der Kunst herrschenden darwinistischen Prinzips.

Nimmt sie Künstler auf, bleiben auch Reibungsverluste nicht aus: „Die Abhängigkeit voneinander, diese Vertrauenssituation mit einem Künstler ist nicht immer einfach. Das kann psychologisch sehr anstrengend werden.“

Sofern sie ihren Künstlern zum Erfolg verhelfe, erklärt sie ein wenig kokett, sei dies mit ihrem guten Auge und ihrer kritischen Wahl ohne sofortigen Blick auf die Marktchancen dieser Auserwählten begründet.

Manche ihrer Künstler stellen tatsächlich nur überaus selten aus. Nach allem anderen ist für ihre Entscheidung einen Künstler oder eine Künstlerin zu betreuen, die konzeptionelle Tiefe von deren Oeuvre ausschlaggebend. „Es gibt keine gute Kunst ohne Konzept. Seit Duchamp gibt es überhaupt keine Kunst mehr ohne Konzept“, so ihr Credo.

Ungeachtet ihres anstrengenden unternehmerischen Engagements begibt sie sich immer noch zu Underground-Ausstellungen und spürt Talenten nach. Häufig ist sie deswegen in den USA und amerikanische Künstler bilden einen Schwerpunkt in ihrem Programm. Anders als die Konkurrenz verzichtet Eva Presenhuber jedoch auf Standorte in anderen Ländern, wie etwa «Sprüth Magers», die sich nach London, demnächst auch in Los Angeles niederlassen.

„Wenn ich Kosten gegen Risiken abwäge, rentiert es mehr, wenn ich Sammler in Übersee persönlich aufsuche und gleichzeitig an Kunstmessen teilnehme, statt an überteuerter Lage in London oder New York weitere Galerien zu eröffnen“, legt sie dar. Sie will in Zürich beziehungsweise der Schweiz verbleiben und damit an einem der weltweit grössten Handelsplätze für Kunst. Hier betreibt sie zwei Grossgalerien mit achtzehn Mitarbeitern und verfügt über ein einzigartiges Netzwerk. Und hier ist sie spätestens seit sich «Hauser & Wirth» auf London und New York konzentrieren, unangefochtene Marktführerin.

(Anm. Inzwischen überlegte sie es sich anders und eröffnete eine Dependance in New York.)

So offenbart sie nicht ohne Stolz, eine ökonomisch wie gesellschaftlich erfolgreiche Frau zu sein. Für ein Lifstyle-Magazin posiert sie ihrem exquisiten Engadiner Ferienhaus. Sie verfügt über eine Villa in Zürich und eine Wohnung in Wien. Ein weiteres Ferienhaus hat sie sich auf der griechischen Insel Antiparos bauen lassen.

Dort will sie gelegentlich ihre Galerie-Künstler und deren Familien beherbergen. Mit sichtlicher Begeisterung erzählt sie von einem Ausstellungsraum den sie auf einem Spaziergang mit Joe Bradly gefunden hat. Sie habe das alte, leerstehende Gebäude, erworben und werde es Ende Juni für erste Ausstellung mit Bradly öffnen.

Hin und wieder scheint in ihrem professionell kontrollierten Auftreten, eine Neigung zu expressiven Momenten durch. Sie kann ruppig und laut werden. Hinzu kommt, dass man sie in der feierfreudigen Kunstszene als Party-Animal kennt. Woraus sie keinen Hehl macht. Feiern würde sie immer noch gerne, zwar seltener, wenngleich sie Wert auf die Feststellung legt, weiterhin als Letzte zu gehen. Und ja, das Rauchen filterloser Zigaretten habe sie ein wenig reduziert.

Sie spricht von in ihrem Boyfriend, einer lange andauernden Fernbeziehung in Los Angeles. Ein Zusammenleben in einer Wohnung oder ein bürgerliches Familienleben habe sie sich nie vorstellen können. Ihre Freunde, die Künstler vor allem, seien ihr genug. Im Übrigen würde sie Einsamkeit als durchaus nützlich empfinden, um sich gelegentlich von der ewigen Unruhe ihres Daseins lösen zu können.

Als wir uns ein weiteres Mal treffen, ist sie gerade erst von der «Art Hong Kong» zurückgekehrt. „Die Geschäfte mit Märkten wie China halten sich bislang in Grenzen. „Die Art in Hong Kong, ist vorerst eine Investition. Trotzdem ist es eine sehr positive Erfahrung, einmal nicht ein amerikanisches oder europäisches Publikum vor sich zu haben, was ziemlich langweilig sein kann, sondern einem neugierigen und lernwilligen asiatischen Publikum zu begegnen“, sagt sie, ohne dabei zu vergessen, das riesige Potential hervorzuheben, welches dieses Publikum für den Kunstmarkt bilde.

Erneut wird mit ihrem strategischen Geschäftssinn einher gehend, der Nukleus ihres Erfolgs deutlich. Es ist ihre Leidenschaft für die Kunst und für deren Vermittlung.

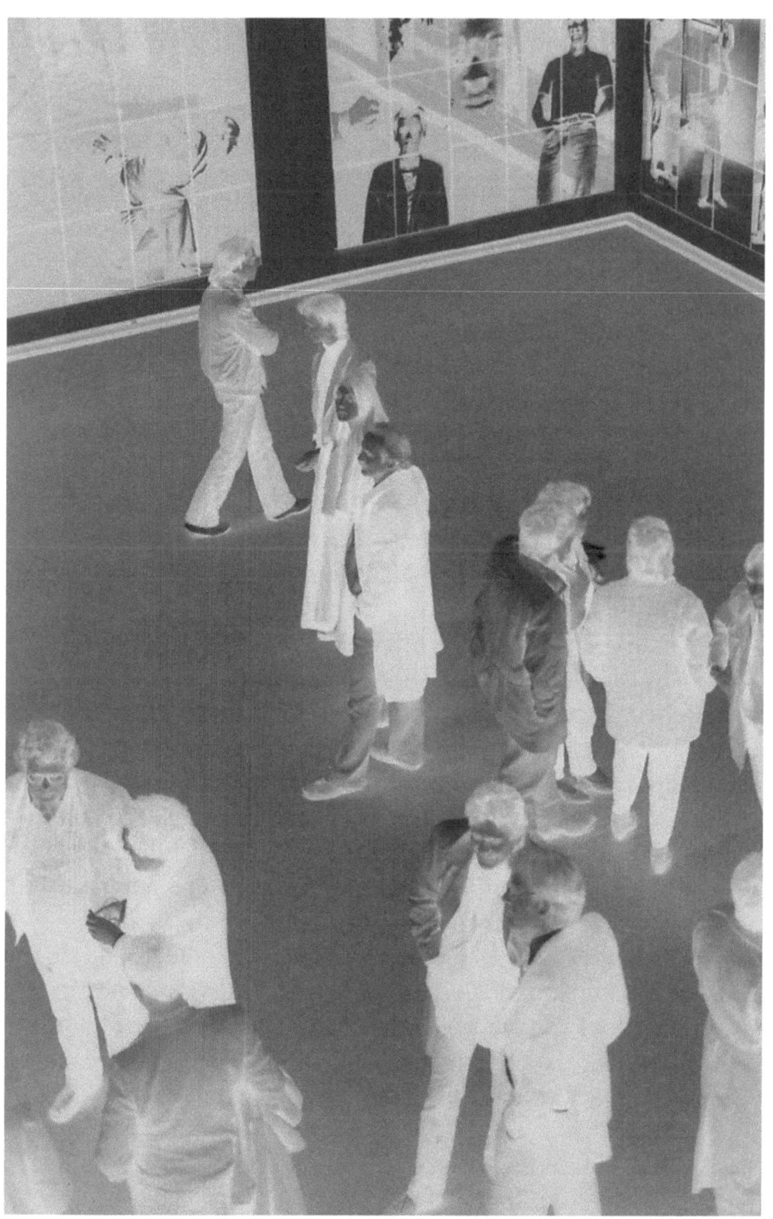

Die Kunst zu Geld waschen.

Gedanken über den Kunstmarkt. 2016

Neulich sprach ich mit einem befreundeten Kunsthändler über Steuerhinterziehung. Wir begegneten uns an einer Vernissage in Zürich. Beiläufig fragte ich ihn, wie viele der Exponate seiner Auffassung nach mit unversteuertem Geld erworben werden. „Fünfzig Prozent, vielleicht mehr". Er antwortete augenzwinkernd, dennoch könnte seine Schätzung nicht völlig aus der Luft gegriffen sein.

„Der Kunstmarkt ist eine einzige Steueroase", hatte der britische Kunstkritiker Ben Lewis zu seinem Dokumentarfilm «Die Millionenblase» bemerkt. Das war 2009 und schon damals vermittelte Lewis das Bild eines globalisierten, von kriminellen Machenschaften durchzogenen Geschäfts.

Im gleichen Jahr veröffentlichte die Soziologin und Kunsthistorikerin Sarah Thornton ein Buch mit dem Titel «Sieben Tage in der Kunstwelt», worin sie den Kunstmarkt als Casino für Superreiche skizziert. Drei Jahre später wollte Thornton nur noch eine verwahrloste Halbwelt erkennen: „Von Betrug und Preisabsprachen einmal abgesehen, weiß jeder, dass im Kunstmarkt Steuerflucht an der Tagesordnung ist und , dass Geldwäsche in einigen Ländern zu den treibenden Kräften des Handels zählt."

Angesichts der in immer kürzeren Abständen aufkeimenden Kunstmarkt-Affären, könnten man durchaus vermuten, die Branche sei zu einer kriminellen Vereinigung verkommen. Doch charakterisieren Fälle wie Achenbach oder Beltracchi den Zustand eines gesamten Wirtschaftszweigs?

Sind Figuren wie Guy Wildenstein nur durchgeknallte Einzeltäter, unrühmliche Exoten eines ansonsten grundsoliden Gewerbes? Das Oberhaupt einer traditionsreichen, in Paris und New York agierenden Kunsthändler-Familie muss sich wegen Steuerhinterziehung, Unterschlagung und Geldwäsche verantworten. Allein die Deliktsumme der Steuerhinterziehung beträgt 250 Millionen Euro.

Ist nur die kriminelle Energie der Kunsthändlerin Glafira Rosales ursächlich, wenn während mindestens vierzehn Jahren millionenteure Fälschungen von Rothko, Pollock und de Kooning über die renommierte New Yorker Galerie Knoedler vertreiben wurden? Könnte es nicht viel mehr ein naturgegebener Fehler des Kunstsystems sein, dass Kunsthändler und Auktionshäuser Profitgier über professionelle Bedenken stellen, weil es ihnen leicht gemacht wird, weil ihre Kunden Laien sind, die ebenso von Gier getrieben sind wie selbst?

Und wie soll man es mit Larry Gagosian halten, dem Weltmarktführer der Galeristen? Er wurde von Sammlern wegen Verletzung der Treuepflichten und nicht gerechtfertigter Bereicherung verklagt. Larry „Go-Go" Gagosian betreibt 15 Galerien in den USA, Europa und Asien mit einem geschätzten Umsatz von 1 Milliarde US-Dollar. Gehören juristische Scharmützel nicht zum Tagesgeschäft, wo ein derart grosses Rad gedreht wird?

Wäre es also ratsam, die Affären als markttypische Folklore in Kauf zu nehmen, weil „Kunst und Moral sich nie wirklich gedeihlich vermengen", wie Hans-Joachim Müller kürzlich in dieser Zeitung diagnostizierte?

Gibt man Müller recht, müsste man als systemimmanent akzeptieren, dass der Kunstmarkt korrumpiert ist. Demnach entspräche die Absicht Kunst zu kaufen dem Risiko, sich mit einer Bande von Hütchenspielern einzulassen.

Tatsächlich sind kartellähnliche Strategien, sind Preisabsprachen und manipulierte Auktionen alltägliche Praxis bei der Vermarktung von Künstlern. Mitunter erfordert das Geschäft auch Betrugsformen wie Über- und Unterfakturierung oder Falschdeklaration. Wünscht ein guter Kunde Zollgebühren oder Steuern zu sparen, wird eine Null weggelassen, wird aus einem Spitzenwerk eine Skizze, aus einer Lithografie ein Poster. Kaum eine Galerie oder Kunsthandlung könnte behaupten, niemals mit solchem Ansinnen konfrontiert worden zu sein.

Eine Etage tiefer geht es um Fälschungen, um verfälschte und verwässerte Auflagen bei Grafik und Skulptur. Wer sich ohne Sachkenntnis in diese Gebiete begibt und in die Fänge drittklassiger Händler gerät, sollte den Totalverlust einkalkulieren.

Schliesslich könnte man den Eindruck gewinnen, neureiche Sammler würden regelmässig von cleveren Händlern über den Tisch gezogen, wenn sie deren irrationalen Preisforderungen nachgeben. Indessen sind Käufe in zweistelliger Millionenhöhe Kleingeld in Verhältnis zu den Milliardenvermögen von Abramovich, Pinault oder Pinchuk.

Gleichzeitig wäre es falsch zu vermuten, diese Akteure seien von hedonistisch bedingter Blindheit befallen. Vielmehr übertragen sie ihre im Wirtschaftsleben erfolgreichen Strategien auf den Kunstmarkt. Oftmals agieren sie selbst im Verbund mit gleichgesinnten Händlern, um den Marktwert von Künstlern durch zuvor abgesprochene taktische Verkäufe oder Zukäufe an Auktionen zu steigern. Die Mondpreise für Arbeiten von Jeff Koons und Damien Hirst sind Resultat solcher Hedgefonds-Methoden.

Von 2011 bis 2014 wurden mit Werken von Gerhard Richter Auktionserlöse von insgesamt rund 764 Mio. US-Dollar erzielt. In einem Interview nannte Richter diese Dimensionen „unerträglich und pervers", wobei er nicht vergaß, seine eigenen Einkünfte als Zeichen der Wertschätzung zu rechtfertigen.

Ein Starkünstler schaudert, ein Stargalerist mokiert sich über das abgefuckte System, Off-Spaces jammern unter der Pein ihrer ertragslosen Aufopferung. Die Kunstszene scheint von der gleichen Wechselwirkung aus Abscheu und Anziehung durchtrieben, wie sie von sexueller Perversion ausgeht. Denn trotz aller Widrigkeiten sind die Verlockungen gross. Im Verhältnis zu anderen Professionen kann man mit Kunst auf relativ angenehme Weise reich und berühmt werden. Als Künstler wie als Galerist und heute schneller denn je.

Selbstverständlich zieht es nicht alle Künstler an die Tische der neuen Bourgeoisie, nicht jeder will sich den Launen reicher Gönner überlassen. Noch immer gibt es Galeristen, die sich um ein Programm bemühen, das sich dem Kanon des Beliebigen widersetzt. Wer allerdings nicht über geduldige Geldgeber verfügt und im Kunstmarkt überleben will, könnte sich früher und oder später in der Verlegenheit sehen, dem aktuellen Kunstgeschmack der globalen Kunst-Elite zu folgen.

„Wann wird eigentlich etwas zur Kunst?" Auf diese Frage antwortete die erfolgreiche Galeristin Eva Presenhuber: „Wenn Händlerkollegen sowie Museum den Künstler beachten, Werke kaufen und ausstellen, dann wird es Kunst. Das ist der perfekte Weg." Demnach ist Kunst, was sich verkauft, was nicht mehr durch Inhalte und Haltungen, sondern durch eine von ökonomischen Faktoren bestimmte ästhetische Hegemonie definiert wird.

Es ist der über allem herrschende Gagosian-Olymp, ein von Geld genährtes Soziotop, das diese Hegemonie prägt und dessen Gesetzmässigkeiten bis in die tiefsten Verästlungen der Kunst-Welt hinein wirken. Doch wo sich der Wert, ja die eigentliche Daseinsberechtigung eines Kunstwerks an dessen Markterfolg bemisst, verrohen die Sitten.

Der globale Kunstmarkt wächst stetig und verlangt Novitäten. Folglich bedienen sich Spitzengalerien aus dem Künstler-Pool ökonomisch schwächerer Wettbewerber. Hierbei müssen sie nicht einmal juristische Konsequenzen fürchten, weil sich kaum noch ein Künstler exklusiv an eine Galerie bindet. Folge ist, dass Programmgalerien aufgeben und sich Sammler zurück ziehen.

Die einstmals stärkste Sammlerschicht aus Freiberuflern, Ärzten und Anwälten wurde marginalisiert. Diese Käufer sind nicht mehr Willens oder in der Lage die Preise für Spitzenkunst zu zahlen. Preise die durch eine überhitzte Nachfrage, durch Manipulation und Spekulation entstehen. Nicht von ungefähr rekrutiert sich heute rund ein Drittel der Sammler aus dem Finanzsektor.

Eine weitere Konsequenz ist die zunehmende Gefährdung des Kunstgeschäfts für kriminelle Machenschaften. Die hohen Beträge zu denen Kunst inzwischen gehandelt wird, sind ebenso Motiv, wie die völlige Intransparenz des Marktes.

Erklärt der Kunsthandel Diskretion zu einem von der Kundschaft geforderten, demnach unumgänglichen Geschäftsprinzip, deckt er damit auch sein ungestörtes Treiben abseits des gewöhnlichen Wirtschaftslebens. Man könnte hierin eine sympathische Form des Wiederstands gegen die verbreitete Regulierungswut sehen. Nur werden solche Freiräume auch von Gestalten genutzt, die sich nicht für Kunst interessieren, die eigentlich nur abzocken wollen.

Will man die Problemzonen des Kunstmarkts betrachten, lohnt der Blick in die Schweiz. Mehr noch als der keineswegs über Zweifel erhabene deutsche Kunstmarkt, ist sein südliches Pendant von Geld geflutet. Während in Deutschland vor allem günstige und mittelpreisige Kunst gehandelt wird, findet sich in der Schweiz das hochpreisige Segment.

Hier wird rund ein Drittel des Finanzvermögens der Welt verwaltet. Gleichzeitig und wohl nicht zufällig, ist die Schweiz ein herausragender Handelsplatz für Kunst, manifestiert durch die «Art Basel», die wichtigste und umsatzstärkste Kunstmesse der Welt.

Die Schweiz weist die im Weltmaßstab höchste Dichte von Kunstsammlern, Galerien, Kunsthändlern und Kunstmuseen auf, bietet einen diversifizierten, hoch entwickelten Kunsthandel sowie steuerliche Annehmlichkeiten. Hinzu kommt ein liberales Unternehmensrecht und schließlich die traditionelle Schweizer Diskretion.

Wegen solcher Vorzüge floriert der Schweizer Kunstmarkt aber auch, weil er höchst attraktiv ist für dubiose Transaktionen. Schweizer Adressen, Galeristen, Händler, Zollfreilager, Banken und Anwälte erscheinen regelmässig in den Akten von Ermittlungsbehörden, wenn es um fragwürdige Geschäfte mit Kunst geht.

Während ihrer Recherchen zur Beltracchi-Affäre war den Journalisten Stefan Koldehoff und Tobias Timm aufgefallen, „wie viele der getätigten Geschäfte über die Schweiz liefen". Vielleicht ist es deshalb schwierig, die Sicht hiesiger Kunstmarkt-Akteure in Erfahrung zu bringen. Man sieht sich am Pranger, will sich nicht zu Einzelfällen und Gerüchten äussern. Nach beharrlichen Nachfassen, dann doch Interviews. Indessen werden Anwälte beigezogen oder gar die Vorlage des gesamten Artikels „zur Kontrolle" verlangt.

Warum diese Nervosität? Immerhin hat der Schweizer Staat in den vergangenen Jahren erhebliche Anstrengungen gegen Steuerhinterziehung, Steuerbetrug und Geldwäsche unternommen. Es ist praktisch unmöglich, grössere Geldbeträge ohne genaue Herkunftsangabe auf ein Schweizer Bankkonto einzuzahlen.

Doch sogleich öffnet sich ein landestypisches Schlupfloch. In der Schweiz gibt es kein Limit für Geschäfte mit Bargeld. In Italien gilt eine Grenze von 1.000 Euro, in Spanien 2.500 Euro, in fast allen anderen Ländern Europas liegt das Maximum für Bargeldgeschäfte bei 15.000 Euro.

Noch im Juni hatte die Schweizer Regierung dem Parlament eine Gesetzesvorlage zur Revision des Geldwäschereigesetzes unterbreitet, nach der Barkäufe von mehr als 100.000 Franken zukünftig verboten wären. Die Vorlage wurde zurückgewiesen, wobei sich die bürgerlichen Parteien in ihrer Ablehnung unter anderem auf die Interessen des Kunsthandels bezogen.

Obwohl man im Schweizer Kunsthandel weiterhin mit jedem beliebigen Bargeldbetrag zahlen könnte, scheinen diese Geschäfte auch ohne staatlichen Einfluss reglementiert, wie Claudius Ochsner, Präsident des Kunsthandelsverbands der Schweiz beansprucht.

Dessen Verband empfiehlt seinen Mitgliedern, Barzahlungen nur bis zu einer Obergrenze von 25'000 Franken entgegenzunehmen. Ein Verbot passe „schlecht in die schweizerische Rechtslandschaft" so Ochsner. Es sei „weitgehend überflüssig", weil Kunsthändler, wie jede andere Person „die Herkunft grösserer Geldbeträge ohnehin nachzuweisen hat, wenn er/sie diese auf sein Bankkonto einzahlen will."

Was wenn ein Kunsthändler zu fragwürdigen Geschäften neigt? Wenn er Einnahmen nicht auf ein Konto einzahlt, sondern für eigene Bargeldkäufe nutzt, ein Ferienhaus beispielsweise, dort wo man es nicht so genau nimmt mit dem Bargeld? Undenkbar?

„Selbstverständlich können und wollen wir uns nicht für jeden einzelnen Händler verbürgen", räumt Ochsner ein. „Wie in jeder Branche gibt es auch in unserer schwarze Schafe. Namentlich kleine Händler, die keinem

Verband angeschlossen sind, können wir naturgemäss nicht kontrollieren."

Rund 400 Betriebe des Kunsthandels sind in der Schweiz registriert. Schätzungen gehen von 7000 Personen aus, die sich mit dem Handel von Kunst befassen. In der Tat ein mühsames Unterfangen diese zu überprüfen, wenn der eigene Kunsthandels-Verband nur 26 Mitglieder hat.

„Wir sind entschieden gegen eine Verschiebung krimineller Gelder", sekundiert Bernhard Bischoff, Vizepräsident des «Verbands Schweizer Galerien». „Wir selber nehmen Bargeld nur von Kunden an, die wir persönlich kennen. Bei Überweisungen einer Bank gehen wir davon aus, dass das Bankinstitut gemäss gültiger Rechtsprechung den Kunden und die Herkunft der Gelder überprüft hat."

Diese Sicht von Bischoff erscheint zu ideal. In einer umfangreichen Studie untersuchte der Ökonom und Kunstmarkt-Analyst Magnus Resch, die wirtschaftlichen Verhältnisse von Galerien in Deutschland, Österreich und der Schweiz. Laut dieser Studie erwirtschaften nur wenige Galerien eine Profitmarge von über 20%. Rund 40% der Galerien machen Verluste.

Wie realistisch ist angesichts dieser Umstände, dass eine klamme Galerie einen potentiellen Käufer wegschickt, nur weil man ihn nicht kennt und weil er mit Bargeld zahlen will?

Letztlich zieht sich Bischoff hinter den Prüfungsauftrag der Banken zurück. Ein Haltung die auch andere Galeristen annehmen. Nach solcher Ausblendung von Realität fragt man sich, ob hierin Naivität oder jene branchentypische Scheinheiligkeit zu sehen ist, die Kritiker unterstellen.

Durch das «Offshore-Leaks»-Projekt wurde erst kürzlich nachgewiesen, wie illegal erworbene Gelder legalisiert werden. Zunächst über Bareinzahlungen von Briefkastenfirmen auf Bankkonten in Offshore-Destinationen, so genannten Steueroasen. Bei der Errichtung solcher Strukturen sind nicht nur windige Kleinbanken, sondern bekannte Grössen wie «Price Waterhouse Coopers», die Deutsche Bank oder die Schweizer UBS hilfreich.

Von der Steueroase erfolgen Transfers auf ein Konto bei einer Geschäftsbank, zum Beispiel in London. Auf diese Weise bewegen nicht nur Drogenhändler, sondern auch chinesische Eliten und russische Oligarchen Milliardenbeträge unklarer Herkunft.

Aus London wird das Geld auf ein weiteres Konto bei einem Geldinstitut in der Schweiz transferiert. Schlussendlich werden aus diesem Konto Käufe bezahlt, Immobilien, Uhren, Schmuck, Oldtimer und natürlich auch Kunst. Und natürlich hat schon die Bank in London ihren Prüfungsauftrag erfüllt. Letztlich wird kaum ein Galerist Zweifel hinsichtlich der Quellen des Geldes äusseren. Wer denkt schon an Ausbeutung und verletzte Menschenrechte, wenn eine chinesische Mega-Sammlerin zu Grosseinkauf erscheint?

Oftmals erhalten diese Geschäfte Camouflage durch Art Consultants, Kunsthändler oder Anwälte, die als Vermittler auftreten. Man kennt sich. Womit nicht gesichert ist, dass die Vermittler um ihre wahren Auftraggeber wissen. Oftmals werden sie von einer weiteren Kanzlei, einem anderen Vermittler oder Händler beauftragt. Am Ende dieser Verkettung ist der Anspruch des Kunsthandels billig, legal zu handeln.

Nicht nur Gelder aus kriminellen Machenschaften fliessen auf solchen Wegen in den Kunstmarkt. Schliesslich werden Steueroasen auch als Vehikel der Steueroptimierung genutzt. Zu diesem Zweck übertragen Sammler das Eigentum und den Handel von Kunstwerken an Offshore-Trusts. Die in Zürich domizilierte Flick Kunstverwaltung GmbH, des ebenfalls in der Schweiz ansässigen deutschen Milliardärs Friedrich Christian Flick, ist prototypisch für derartige Konstrukte.

Das Unternehmen wurde 1999 in Zürich für den „Handel mit eigenen und fremden Kunstwerken" gegründet. Geschäftsführer war der heutige Star-Galerist Ivan Wirth. Alleinige Gesellschafter waren Flick sowie ein Unternehmen namens Contemporary Art Limited, in St. Peter Port, auf der britischen Insel Guernsey, einer klassischen Steueroase.

Heute wird die «Flick Kunstverwaltung GmbH» von der «Contemporary Art Limited» in Guernsey mit 60% der Stammeinlage beherrscht. Flick war 2001 persönlich ausgeschieden. Stattdessen trat eine Firma namens PILATINA CONSULTANCY INC. als Gesellschafterin ein, deren Adresse sich auf einer weiteren Steueroase befindet, den British Virgin Islands.

Die Flick Kunstverwaltung kaufte im Laufe der Jahre für unzählige Millionen Kunst und baute eine der weltweit angesehensten Sammlungen für Gegenwartskunst auf. Als «Flick Collection» sind ausgewählte Stücke in den Berliner «Rieck-Hallen» zu bestaunen, die dem «Hamburger Bahnhof - Museum» für Gegenwart angegliedert sind.

2008 schenkte Flick der «Stiftung Preussischer Kulturbesitz» 166 Werke aus seiner Sammlung. Man könnte sagen, dass die Werke der Sammlung wie auch jene der auf 60 Millionen Euro geschätzten Schenkung, aus unter Vermeidung von Steuerzahlungen erwirtschafteten Mitteln erworben wurden.

Es steht ausser Zweifel, dass sich die weitaus meisten Galerien und Kunsthändler in der Schweiz, in Deutschland oder anderen Ländern unserer Hemisphäre im Rahmen geltenden Rechts verhalten und zweifelhafte Geschäfte vermeiden. Nicht zuletzt weil in der Branche kaum etwas gefürchteter ist, als der Reputationsschaden nach einem wissentlich oder unwissentlich getätigten, dubiosen Geschäft.

Allerdings sind Gesetze Auslegungssache und kommen zur Anwendung, wenn der Verstoss gegen sie bekannt wird. Staatsanwälte geben achselzuckend die Auskunft, man wisse zwar, dass im Kunstmarkt illegale Geschäfte getätigt würden, doch so lange keine Anzeige oder ein offensichtlicher Delikt vorläge, müsse man passen.

Wird dennoch ein Markteilnehmer auffällig, spricht die Branche reflexartig vom Einzelfall und zischelt im kleinen Kreis vom Fehlverhalten eines Emporkömmlings. Wie im Fall der aus Deutschland in die Schweiz zugewanderten Galerie Gmurzynska, gegen die wegen des Verdachts auf Steuervergehen ermittelt wird.

Mit Hilfe der Galerie soll der Investor Urs E. Schwarzenbach Kunstwerke unter Umgehung der Mehrwertsteuer importiert haben. Es ist von Scheinfirmen und frisierten Rechnungen die Rede und von sechs Millionen Franken hinterzogener Steuer.

Exemplarisch Helge Achenbach mit dem alle gut und gern Geschäfte gemacht haben und der nun Paria ist. Wenn jedoch Grosskurator Kasper König seinen langjährigen Geschäftspartner Achenbach als „halbseidenen Typ, genial und gerissen“ karikiert, ist man unangenehm berührt.

König sitzt immer noch im Beirat der von Achenbach gegründeten Stiftung Rheingold, deren Sammlungstätigkeit man als spekulativ bezeichnen könnte. Das von ihm geleitete Museum Ludwig war regelmässig Plattform für Ausstellungen der Sammlung.

Helge Achenbach war auch in der Schweiz aktiv. Man sah in regelmässig an den Vernissagen von Schweizer Spitzengalerien. Im Dezember vergangenen Jahres gewann die Immendorff-Witwe Oda Jaune einen Prozess gegen eine Zürcher Galerie, die in Zusammenhang mit Handel von Immendorff-Affen eng mit Achenbach verflochten war. Auch wusste Achenbach den Charme der Schweizer Zollfreilager zu schätzen, bei denen man „Sonderkonditionen“ erhielt, wie Achenbachs Geschäftspartner Stefan Horsthemke gegenüber der Finanzzeitschrift Bilanz äusserte.

Zollbefreite Lager gibt es in vielen Ländern. Allerdings zählt die Schweiz neben Luxemburg und Singapur zu global gesehen wichtigsten Standorten. Im Kunstmarkt Schweiz kommt den Zollfreilagern eine zentrale Funktion zu. Ihre räumliche Nähe zur Art Basel stellt einen erheblichen Wettbewerbsvorteil dar. An der Art präsentierte Werke kommen häufig aus Zollfreilagern und werden nach ihrem Verkauf umgehend in die Lager zurückgeliefert. „Dies müsste auch in Zukunft so weiter bestehen bleiben. Die beiden „Systeme“ ergänzen sich sehr gut”, wie Marco Gredig unterstreicht.

In den und zwei Dutzend Lagern der Schweiz sollen Güter im Wert von mehreren hundert Milliarden Franken aufbewahrt sein. Eine Schätzung die niemand überprüfen könnte. Zwar besteht für Einlagerer seit 2007 die Verpflichtung ihre Güter zu inventarisieren. Indessen überprüft der Zoll die Güter allenfalls durch Stichproben oder in Ermittlungsverfahren.

Die Betreiber der Lager sehen sich gleichfalls nicht befähigt den Wert der Güter festzustellen. Man sei „auf die Angaben der Verfügungsberechtigten angewiesen”, betont Marco Gredig, Sprecher der Vereinigung der Schweizerischen Freilager. „Werte können von den Anbietern von Zollfreilager nicht kontrolliert oder verifiziert werden. Dies ist schlicht und einfach für die Betreiber unmöglich.”

Kunstraub gilt als eine Finanzierungsquelle terroristischer Vereinigungen. Zollfreilager dienen als Versteck und Umschlagplatz dieser Güter. Insbesondere Genf, wo sich das grösste Zollfreilager der Schweiz befindet, gilt als einer der weltweit grössten Umschlagplätze für deliktisch beschaffte Kunst. Vor allem in Krisengebieten geraubte Kunstwerke werden hier durch Händler und mittels Briefkastenfirmen verschoben, um deren Herkunft zu verschleiern und sie hiernach zum Beispiel in den Auktionsmarkt einzuschleusen. Dabei verlassen die Werke zu keinem Moment das Zollfreilager. Koldehoff und Timm haben Manipulationen dieser Form auch im Fälschungsskandal Beltracchi nachgewiesen.

Dass sich in den Zollfreilagern der Schweiz zudem NS-Raubkunst befindet, wird immer wieder vermutet, doch könne er dies weder bestätigen noch dementieren, sagte Andreas Matti, Chef der Sektion Zollverfahren der Oberzolldirektion in Bern.

Zollfreilager gelten nicht nur als Versteck für gestohlene Kunst, ebenfalls werden hier mit Schwarzgeld erworbene Werke verborgen, bis die Verjährung ausgesessen ist. Nicht von ungefähr war im Zuge der Finanzkrise von 2009 und mit dem Aufkommen der Steuer-CDs die Nachfrage nach Lagerplätzen deutlich gestiegen, wie ein kürzlich publizierter Bericht der Eidgenössischen Finanzkontrolle (EFK) feststellte. Das Geld wurde von den Banken abgezogen und in Sachwerte wie Kunst investiert. So resümierte die EFK, dass bei Zollfreilagern Missbrauchspotenzial im Bereich von Geldwäsche sowie Steuerhinterziehung gegeben ist und Handlungsbedarf besteht.

Neben hochsicheren, klimatisierten Lagerräumen bieten moderne Zollfreilager Showrooms für Galerien, Händler und Sammler. Hier wird diskret mit Kunst gehandelt, ohne das Erlöse oder Wertzuwächse versteuert werden müssten. Deshalb sind Zollfreilager tragende Elemente eines Marktes der letzte Zonen bietet, in denen fern staatlicher Regulierung Geschäfte getätigt werden.

Sein stärkster Schutz gegen Kontrolle ist seine Komplexität. Doch zunehmend wird gefordert, den Kunstmarkt zu regulieren. Etwa mit der Behandlung der Kunsthändler als Finanzintermediäre. Aber wie zuvor der Banksektor, verweigert sich der Kunsthandel sowohl staatlicher wie interner Kontrolle.

Unter Patronat des angesehenen «Basel Institute on Governance» hatten die Juristen Claudia von Selle und Thomas Christ ein Regelwerk für den Kunsthandel, die «Basel Art Trade Rules» erarbeitet. 2012 war dies ein erster Versuch internationaler Selbstregulierung. Doch bevor das Konzept überhaupt diskutiert werden konnte, lehnten die Kunsthandelsverbände eine Mitwirkung ab.

Claudius Ochsner erklärte hierzu die «Basel Art Trade Rules» seien durch Christ und von Selle aus eigener Initiative und ohne Rücksprache mit den relevanten Verbänden erstellt worden. Man habe festgestellt, das Papier kollidiere in mehreren Punkten mit dem Schweizer Recht. „Im Übrigen sind die relevanten Verbände davon überzeugt, dass die Rahmenbedingungen für den Kunst und Kulturgüterhandel durch die bestehenden gesetzlichen Grundlagen und die Rechtssprechung klar definiert sind."

„Ich hätte das Gebaren der Verbände nicht besser illustrieren können", reagierte von Selle auf die Einlassungen Ochsners. „Das Projekt war von der TEFAF (The European Fine Art Foundation) initiiert und bezahlt worden. Es gab Meetings mit Sothebys, Christies und der TEFAF. Darauf hin wurden die Kunsthändlerverbände in UK, Frankreich, Deutschland und der Schweiz kontaktiert. Sie waren alle eingeladen zur Diskussion dieses

Entwurfes, haben ihre zugesagte Teilnahme sämtlichst genau 24 Stunden vor dem Meeting abgesagt."

Seit dem das Bankgeheimnis obsolet ist und es nur noch Mikro-Zinsen gibt, fliesst mehr Geld als je zuvor in den Kunstmarkt, Schwarzgeld wie Weissgeld. Die Reichen müssen ihre Millionen neu anlegen. Oft hört man, das viele Geld würde in einer Art Trickle-down-Effekt in die unteren Schichten des Marktes durchsickern.

Galerien die sich um den Nachwuchs und den Mittelmarkt kümmern, sehen davon nichts. Die Geschäfte würden durch das Geld der Galeristen- und Sammler-Elite verdorben, jeder gegen jeden, niemand sei noch zu trauen, hört man. So lange der Kunsthandel auf Spielregeln verzichten kann, scheint der Schmerz noch erträglich.

Die Connaisseure werden bleiben.

Interview mit Marc Spiegler, Direktor der Art Basel. 2014

Wie ist die Position der Schweiz in der Kunstwelt?

Im Verhältnis zu seiner Grösse hat die Schweiz den am höchsten entwickelten Kunstmarkt in der Welt. Ökonomisch zählt die Schweiz den global vier bis sechs grössten Märkten. Die Schweiz ist ein sicherer Ort um Kunst aufzubewahren, die steuerlichen Rahmenbedingungen sind günstig, die Zollfreilager sind nützlich.

Die Schweiz ist so gesehen nicht vergleichbar mit jedem anderen Markt der Welt. Sie ein perfekt ausbalanciertes System mit starken Galerien, starken Auktionshäusern, starken Museen, starken institutionellen und privaten Sammlern. Und alle arbeiten auf höchstem internationalen Niveau.

Also hat auch die Art Basel eine massgelbliche Funktion für den globalen Kunstmarkt?

In einem wachsenden Kunstmarkt gewinnen internationale Kunstmessen wie die Art Basel an Bedeutung. Wir bieten auf drei Kontinenten erprobte Plattformen für Galerien aus aller Welt, um dort neue Sammler zu treffen, Beziehungen zu Museumsdirektoren und Kuratoren aufzubauen und dem Publikum neue Künstler vorzustellen.

In einer Zeit in der das Sammeln weniger regional ist und die Kunstwelt weiter diversifiziert und globalisiert ist, werden wir weiterhin einen konzentrierten, hoch qualitativen Überblick über die aktuellsten Entwicklungen des der Kunstwelt bieten.

Hat der immense Erfolg der Art Basel nicht auch damit zu tun, dass viele der dort erworbenen Kunstwerke umgehend in die Zollfreilager wandern, von wo sie später unter Umgehung von Steuern wieder veräußert werden? Oder sind das nur Gerüchte?

Es mag sein, dass einzelne Arbeiten in die Zollfreilager gebracht werden. Das hast jedoch keinen Einfluss auf den Erfolg der Art Basel.

Sind sie sicher, dass, das alles sauber läuft?

Die überwältigende Mehrheit der Arbeiten geht zu Privatsammlungen überall in Europa und in der Welt. Von dort werden sie später verliehen, ausgestellt und verkauft. Was im übrigen geschieht, ist außerhalb meines Wissens.

Ist nicht auch die Tatsache hilfreich, dass die Schweiz über einen hochgradig spezialisierten und liberalisierten Finanzmarkt verfügt?

Der Kunstmarkt funktioniert dort gut, wo er nicht auf zu viele Regulierungen trifft.

Demnach könnten Kunstmarkt-Experten recht haben, die sagen, über den Finanzplatz Schweiz gelange unsauberes Geld in den Kunstmarkt, dass Kunst für Geldwäsche missbraucht wird?

Ich halte das für Spekulation. Jeder kann behaupten, dass diese Dinge passieren, weil sie theoretisch möglich sind.

Der Kunstmarkt wird mit Geld aus Russland, den arabischen Ländern und China geflutet. Geld aus diesen Regionen kommt wie nachgewiesen ist, oftmals aus dubiosen Quellen. Könnte die zunehmend geforderte Regulierung des Kunstmarktes und damit dieser Geldströme, das Kunstsystem und damit die Art Basel Organisation negativ betreffen?

Ich sehe keine Debatte in Hinsicht auf einen regulierten Kunstmarkt in Zusammenhang mit dem Geld, das aus diesen Ländern kommt. Ohne eine Vorstellung davon, wie ein regulierter Kunstmarkt aussehen könnte, ist diese Frage auf verschiedene Ebenen hoch spekulativ, weshalb sie nicht mit Präzision zu beantworten ist.

Aber was ist von Gerüchten zu halten, dass an der Art in grossem Umfang aus steuerlichen und spekulativen Gründen gekauft wird?

Die Ansicht der Kunstmarkt habe sich mehr zu einen Finanzmarkt als zu einem Kunstmarkt entwickelt, hört man oft von Leuten, die nicht verstehen, aus welchen Motiven Kunst gekauft wird.

Das sehe ich nicht so. Das ist inzwischen durch Zahlen und die Recherchen Marktkennern erhärtet.

Natürlich gibt es diesen ökonomischen Aspekt, ich kaufe etwas um damit Geld zu machen. Wichtiger ist aus meiner Sicht jedoch der Aspekt des "hedonic pricing", ich kaufe etwas, weil es mir gefällt, ganz gleich was es kostet.

Ich kenne viele Sammler und erlebe den Glanz in ihren Augen, wenn sie etwas gekauft haben, was sie unbedingt haben wollten.

Sehen sie das nicht zu idealistisch?

Es gibt auch Leute die aus spekulativer Motivation kaufen. Aber wir haben es derzeit mit einem starken Käufermarkt zu tun. Warum sollen Galerien an Interessenten verkaufen, die spekulative Absichten hegen?

Die Galeristen verkaufen an Sammler, die nicht nach ein paar Jahren auf Auktionen verkaufen, sondern die Künstler unterstützen in dem sie ihre Werke an Museen ausleihen.

... und diese damit im Wert steigern. Auch das boomende Geschäft den Auktionshäuser vermittelt ein anderes Bild.

Ich erlebe das anders. Zur Zeit wächst eine neue Generation von Sammlern nach, die aus Liebe zur Kunst kaufen. Sie lieben es einfach und wollen mit der Kunst leben.

Und wie jeder Markt kann auch der Kunstmarkt schrumpfen. Die Spekulanten verschwinden. Die Connaisseure werden bleiben.

Die Art Basel hat sich offenbar ein wenig mehr für jüngere Galerien geöffnet. Allerdings sehen Fachleute kaum Effekte dieser Maßnahme, weil sich der Markt an dem Geschäft der Spitzen-Galerien orientiert.
Trifft diese Einschätzung zu?

Es gibt viel Gerede über die grosse Zahl von Verkäufen zu astronomischen Preisen. Doch das besagt nicht, dass die Geschäfte der Galerien einfach wären.

Der Markt verändert sich sehr schnell und wir sehen neue Formen, ausgehend von der Digitalen Generation. Sammler und Kuratoren sind an Künstlern dieser Generation interessiert.

Obwohl derzeit vor allem Gemälde verkauft werden?

Die Kunstwelt wird sich vielfältiger entwickeln, multichannelled. Nur einem einzigen Trend folgende Märkte sind Vergangenheit. Während einzelne Sammler junge abstrakte Maler suchen, interessieren sich andere für ältere figurative Bildhauerei, während sich andere für historische Werke begeistern.
Es gibt keinen einzigen Zeitgeist mehr. Die verschiedenen Marktzyklen überlappen sich und interagieren miteinander.

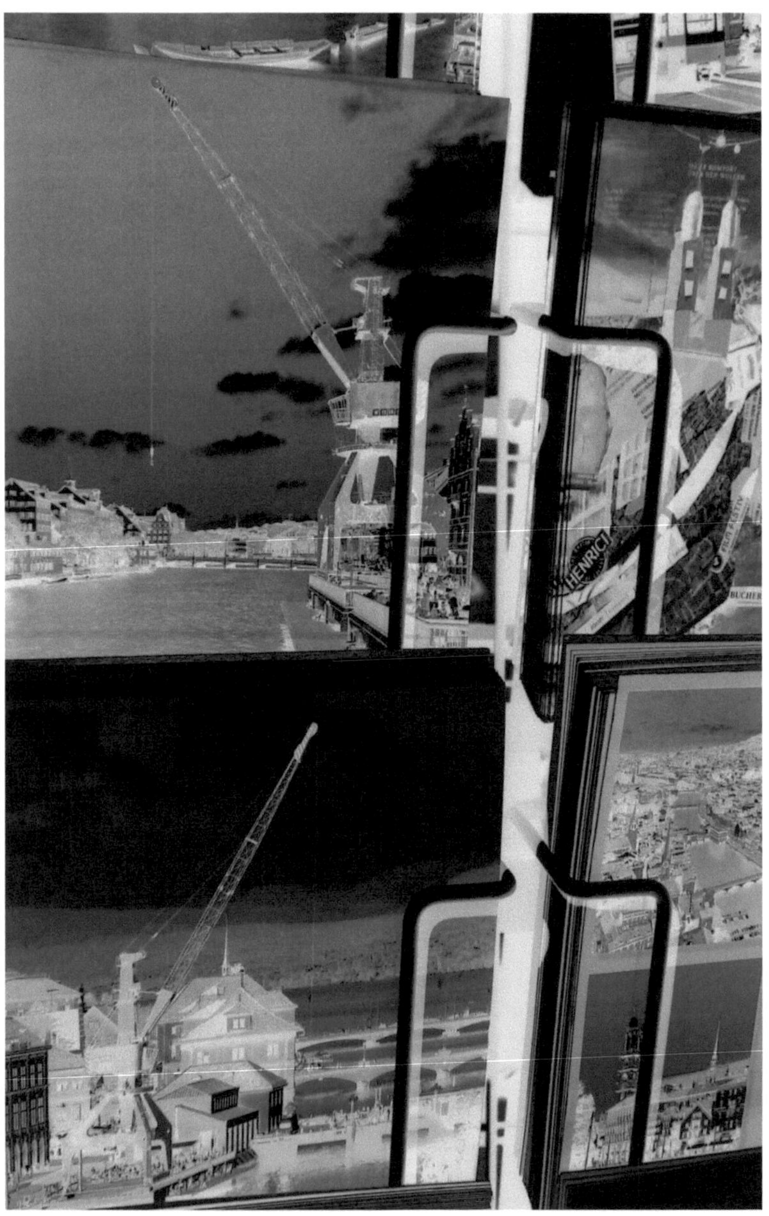
HENRICI

Der Schrott und die Stadt.

Über eine Intervention. 2014

Für kulturell interessierte Weltenbummler ist Zürich eine langweilige Stadt. Eine herausragende Kunstsammlung fehlt, ebenso wie es der Stadt an Bauwerken von kunsthistorischem Rang mangelt. Die wesentlichen Attraktionen dieser Destination sind ein See mit Alpenpanorama und eine pittoreske Altstadt.

Vor deren Kulisse steht zur Zeit ein abgewrackter Hafenkran, der von Rostock aus hierher verfrachtet wurde. Das rostige Monstrum aus DDR-Produktion ist ein Projekt mit dem das kulturtouristische Defizit der Stadt ausgeglichen werden soll. Allerdings ist dies nicht der erste Versuch Zürichs, mit in den öffentlichen Raum gestellten Artefakten Touristen anzulocken.

Hoteliers und Händler hatten bereits um 1998 im Schulterschluss mit der Stadtregierung die Aktion «Land in Sicht - auf nach Zürich» gegründet. Deren erste Idee bestand darin, unter dem Titel «Kuh-Kultur» bemalte Fiberglas-Kühe in den Fussgängerzonen der Stadt zu platzieren. Mit der Ausführung der 815 Kühe wurden Kleinkünstler und Amateure beauftragt, weshalb das Niveau der Gestaltungen weitgehend volkstümlich blieb. Gleichwohl, oder vielleicht deswegen, wurde die Aktion ein riesiger Erfolg der weltweit Aufmerksamkeit und Nachahmungen fand.

Anschliessenden Versuchen mit bemalten Teddybären oder Sitzbänken war weit weniger Erfolg beschieden. Ein neues, anspruchsvolleres Konzept musste her. Schliesslich sollte der inzwischen aufgeblühte Ruf Zürichs als ein führendes Zentrum des internationalen Kunstbetriebs nicht erneut durch Folkloristisches konterkariert werden.

In der Folge wurde 2012 erstmals ART AND THE CITY durchgeführt. Nun wagte die Stadt den Versuch hochkarätige Kunst in den öffentlichen Raum zu stellen, die man mit dem heute gängigen Begriff Intervention umfassend beschreiben kann.

Weil sich der Anspruch Zürichs als Kunstmetropole zu gelten weniger auf eine von interessanten Künstlern dominierte lokale Szene, sondern viel mehr auf eine Ansammlung von Ausstellungsräumen, Galerien und Kunsthändlern stützt, wurde ART AND THE CITY primär im Umfeld der Galerie-Szene realisiert, die sich im ehemaligen Industriequartier Zürich West angesiedelt hat. Ebenso konsequent statt heimischen Künstlern mehrheitlich internationale Grössen wie Ai Weiwei, Doug Aitken, Paul McCarty, Oscar Tuazon oder Richerad Tuttle mit Beiträgen einzuladen.

Die 43 für ART AND THE CITY zumeist neu entwickelten Arbeiten, waren von vorzüglicher Qualität, wie auch die Rahmenveranstaltungen überzeugen konnten. Das gelungene Projekt wurde von der Öffentlichkeit mit Sympathie zur Kenntnis genommen, gleichwohl punktete es vor allem bei einem per se an Kultur interessierten Publikum. Auch die Touristenströme verblieben gegenüber der Kuh-Aktion, in überschaubaren Dimensionen. Nun hofft man, mit dem Hafenkran wieder eine kulturelle Attraktion von grösserer touristischer Anziehungskraft gefunden zu haben.

Das Projekt begann bereits 2009 in Zürichs Stadtmitte, die durch einen Fluss namens Limmat geteilt ist. Der ist nicht von Dimensionen des Rheins oder der Elbe und bis auf ein paar hundert Meter nicht einmal schiffbar, aber immerhin ein Fluss. An dessen Ufer war der Platz einer abgerissenen Markthalle unbebaut geblieben. Ein Wettbewerb zu dessen Gestaltung wurde ausgeschrieben und «Zürich Transit Maritim» zum Siegerprojekt erkoren, dessen Nukleus besagter Hafenkran ist. Hinzu kommen fünf eiserne Hafenpoller sowie eine Schiffsirene.

Kaum war die Hafenkran-Idee präsentiert, formierte sich Widerstand der quer durch alle politischen und gesellschaftlichen Lager reichte. Für die örtlichen Medien war ein Dauerthema lanciert. In Umfragen sprachen sich bis zu 80% der Interviewten gegen das Projekt aus. Bis zuletzt, als das Budget von 600.000 Franken um 120.000 überschritten wurde, wankte das Vorhaben und war kurz davor zu kippen. Erst die private Spende des zuständigen Stadtrats rettete den Kran.

„Er steht“ titelte die Neue Zürcher Zeitung süffisant, als der Hafenkran im April endlich aufgerichtet war. Aber nicht nur die dem bürgerlichen Lager zuzurechnende NZZ begleite das Projekt von Anbeginn mit grosser Skepsis. Selbst in dem eher links orientierten Tagesanzeiger war von einem „Monument der Belanglosigkeit“ und von einer „Rummelplatzattraktion” zu lesen.

Demgegenüber vertreten die Stadtoberen unverdrossen die Auffassung, der Hafenkran sei eine „performative Kunst-Intervention“. Angesichts der Irritation die das rostige Ding inmitten seiner herausgeputzten Umgebung ausübt, mag man sich dieser Interpretation wohlwollend anschliessen. Indessen haben sich die Projektverantwortlichen die Fussangeln gleich selbst gelegt, in denen ihr künstlerischer Anspruch zu Fall kommt.

„Wir haben viele Fragen: Hat ein Kran noch soviel Kraft, ein Schiff anzulocken? Oder liegt das Glück im weiten Horizont? Oder hilft Träumen gegen Fernweh? Wir haben lauter solche Fragen.” Wenn Projektleiter Jan Morgenthaler Sentenzen dieser Art verbreitet, ist das Realsatire, in der sich bereits die zweifelhafte künstlerische Konzeption von «Zürich Transit Maritim» andeutet.

Das nacheiszeitliche Meer, welches die Ebene um Zürich einstmals überspülte, ist eine ebenso dünnflüssige Herleitung des Projekts, wie dessen eigentliche Idee einer „Archäologie der Zukunft“. Diese, so die Projektbeschreibung, fördere bei fiktiven Ausgrabungen „Fragmente und Splitter einer neuen Wirklichkeit zu Tage“. Die vermeintlich ausgegrabenen Hafenpoller zeugen demnach von einer „Anbindung Zürichs an die Weltmeere“.

Abseits solch bemühter Argumentation lässt die Bemerkung Morgentalers „der Sehnsucht der Zürcher nach Meer etwas Nahrung“ geben zu wollen, auf die tatsächliche Motivation der Initianten schliessen. Diese rekrutieren sich, nebst den bei der Stadt Verantwortlichen, aus dem rot-grünen Milieu, das sich am Beginn der achtziger Jahre während der Zürcher Jugendunruhen formierte. „Freier Blick aufs Mittelmeer - sprengt die Alpen“, war die vielleicht bekannteste Parole dieser Bewegung. Sie war Verweis auf die geistige Enge der zwinglianisch bürgerlichen Gesellschaft, die Zürich mit der Durchsetzungsmacht von Polizeiknüppeln beherrschte. Am Limmatquai, ziemlich genau an dem Ort wo jetzt der Hafenkran platziert ist, tobten vor rund dreissig Jahren Strassenschlachten.

Denn Achtundsechzigern folgend und ähnlich wie die rot-grünen Seilschaften in Deutschland, haben auch hier die Akteure der achtziger Jahre den Marsch durch die Institutionen vollzogen. Zürich wird inzwischen von einem Establishment aus Kreisen jener ehemaligen Strassenkämpfer regiert.

Der Hafenkran ist somit auch ein Monument ihres Erfolgs. Zugleich ist er Zeugnis ihres trivialen Kunstverständnisses, welches von einem Künstler-Kleinbürgertum getragen wird, das in hohem Maß mit der rot-grünen Exekutive verstrickt ist und sich aus deren Subventionstöpfen nährt. Diesem Biotop des Mittelmasses entstammen auch die Akteure des Teams, das «Zürich Transit Maritim» realisierte. Jan Morgenthaler, Barbara Roth, Martin Senn und Fariba Sepehrnia. Kunstschaffende die man nicht einmal in Zürich kennt.

Dennoch. Man sollte das alles vielleicht abhaken und den alten Kran schätzen, weil er einen lebhaften öffentlichen Diskurs über Kunst und Kunstbegriffe entfacht hat. Wenn etwa die rechtspopulistische SVP den Hafenkran im kommenden Jahr noch nach seiner geplanten Demontage zu einer Volksabstimmung nutzen will, die derartige Projekte zukünftig verhindern soll. Dann ist er mit einem Mal subversiv und wird unbeabsichtigt zu einem interessanten Stück Konzeptkunst.

Inzwischen wurde von den Jusos eine weitere Initiative gegründet, die den dauerhaften Verbleib des Hafenkrans fordert. Und auch die Souvenierverkäufer haben bereits Postkarten mit dem Kran im Angebot. Nur Touristen konnte der Hafenkran noch nicht in Massen anlocken. Zu diesem Zweck hätte man wohl die Kühe reanimieren sollen.

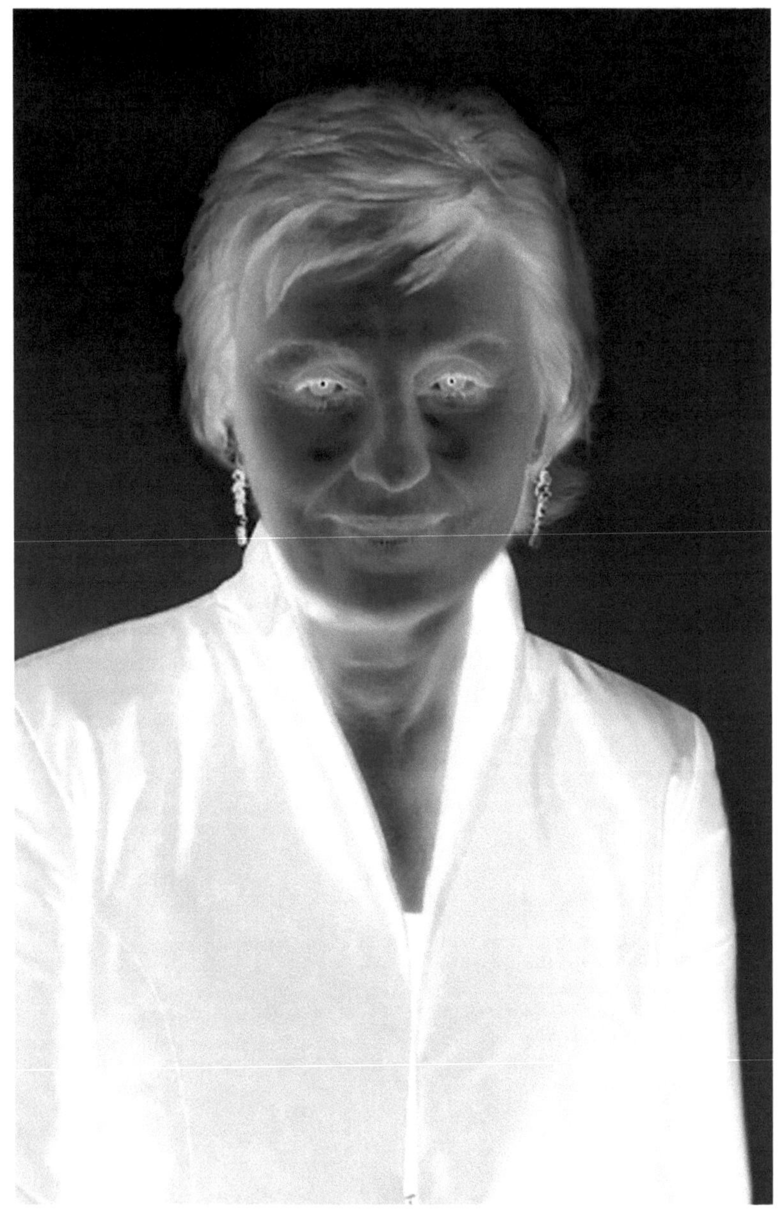

Die Leute sind müde von den Bildschirmen.

Interview mit der Medien-Ikone Tina Brown. 2014

Das Kinn ein wenig hochgereckt, kommt sie mit schnellen Schritten auf mich zu. Tina Brown ist eine journalistische Legende und gilt als eine der einflussreichsten Frauen der Welt.

Umstandslos gelangen wir in ein Gespräch, in dem sich ihr energetisches Auftreten weniger als Habitus einer nicht besonders gross gewachsenen Frau erweist, vielmehr Ausdruck ihrer sehr eigenen Energie ist. Prägung wie Programm einer immer noch erfolgshungrigen sechzigjährigen, die bereits im Alter von fünfundzwanzig Jahren Chefredakteurin des renommierten Londoner «Tatler-Magazins» wurde.

In gleicher Funktion ging sie zu «Vanity Fair», um anschließend den «New Yorker» zu entstauben. Mit «The Daily Beast» wurde sie zu einer Pionierin der Webzine-Journalismus. Dann scheiterte sie bei dem Versuch «Newsweek» zu retten. Jetzt glaubt sie mit Live-Events einen neuen Journalismus erfunden zu haben.

Interessieren sie sich für ihr Horoskop?

Ich lese es jeden Morgen.

Sie gelten als kühl kalkulierende Geschäftsfrau und interessieren sich für Horoskope?

Ich überprüfe gern, ob sich Prognosen bewahrheiten.

Wenn ihnen Astrologie nicht fern ist, darf ich sie wohl auch fragen, ob Eigenschaften auf sie zutreffen, die man ihrem Sternzeichen Skorpion nachsagt, Durchsetzungsvermögen zum Beispiel?

Sagen wir es so, ich fühle mich wohl damit Skorpion zu sein und ich bin sehr fokussiert bei allem was ich tue.

Also werden sie sich an Barry Diller rächen?

Wieso sollte ich?

Man sagt Skorpionen auch Rachsucht nach und Diller hat sie im vergangenen Jahr als Chefredakteurin des «Daily Beast» gefeuert.

Es war allein meine Entscheidung zu gehen, weil es für mich an der Zeit war etwas Neues anzupacken.

... nachdem das Webzine einen einen Verlust von 12 Millionen Dollar bekanntgeben musste, hatte Diller mit seinem börsennotierten Unternehmen doch gar keine andere Wahl.

Irgendjemand hat das so verbreitet und es irritiert mich immer noch, weil es nicht stimmt. Ich hatte Barry meine Pläne im Sommer mitgeteilt, worauf er mich gebeten hatte, mit der Ankündigung bis zum Herbst zu warten. Dann verbreiten sich Indiskretionen.

Wie auch immer die Umstände waren. Könnte man in ihrem Ausstieg nicht eine weitere Niederlage, nach ihrem Scheitern mit «Newsweek» sehen?

«The Daily Beast» ist eine Erfolgsstory und war eine besten Erfahrungen meines Lebens. Ich bin gegangen, da meine

Überlegung gereift war, «Tina Brown Live Media» zu gründen. Eigentlich war ich schon auf dem Weg hierhin, als 2010 den «Woman In The Word Summit» gegründet habe.

... im gleichen Jahr, als sie sie Verantwortung für Newsweek übernahmen.

Das stimmt. Aber «Woman In The Word Summit» war ein Spin Off von «The Daily Beast» und lief erst einmal nebenher. Mit der Zeit stellte ich jedoch fest, dass mich dieses Projekt immer mehr fesselte und damit auch Zeit kostete.

War die Belastung vielleicht zu gross, worunter dann auch der «Newsweek»-Relaunch litt?

Die Probleme mit «Newsweek» hatten andere Ursachen. Ich hatte «The Daily Beast» entwickelt und mit Barry Diller einen Investor gefunden. Der Start des Titels war vielversprechend. Dann kam Sidney Harman auf die Idee das serbelnde Nachrichten-Magazin «Newsweek» zu übernehmen. Harman hatte jedoch wenig Ahnung vom Mediengeschäft und gewann Barry Diller als Partner.

Die «The Newsweek Daily Beast Company» sollte ein altes Medium mit dem Spirit und den Möglichkeiten eines neuen Mediums retten.

Nach dem plötzlichen Tod von Harman wollte Diller die Kosten des «Newsweek»-Relaunchs nicht allein tragen. Es gab kaum eine andere Option, als das gedruckte «Newsweek» vom Markt zu nehmen und es im Internet zu versuchen.

Sie waren zeitgleich Chefredakteurin beider Titel und sollten «Newsweek» mit ihre Erfahrungen aus dem Web-Journalismus kurieren. Warum hat das nicht funktioniert?

Niemand hatte es zuvor gewagt, ein Print-Magazin mit den Erfahrungen von Web-Journalismus zu führen. Üblicherweise läuft das immer noch umgekehrt. Print dominiert den Web-Ableger. Da bereits viele wichtige Leute «Newsweek» verlassen hatten, mussten wir mit der «Daily Beast»-Mannschaft versuchen, die beiden Kulturen zu vereinigen. Das überforderte unsere Strukturen. Was wir machten war ein Experiment. Experimente können scheitern.

In diesem Fall schon nach wenigen Monaten. Hatte Diller zu schnell die Geduld verloren?

Es war ein Fehler aufzugeben. Wir waren im Begriff «Newsweek» als «Newsweek Global» zu einem Themenmagazin für Tablet-Computer umzubauen. Alles geschah in grosser Hektik. Aber so etwas braucht nun einmal Zeit und Geld.

Haben sie selbst Fehler gemacht?

Ja. Ich hätte erkennen müssen, das «Newsweek» als Print-Titel nicht zu retten war. Es war verrückt. Ich hätte den Job nicht übernehmen sollen.

Warum dachten sie überhaupt daran? Sie hatten bereits vorhergesagt, in zehn Jahren gäbe es keine gedruckten Titel mehr.

Es wird keine Tageszeitungen mehr geben, wie wir sie kennen. Sie werden vollständig im Web erscheinen. Zu Hause wird ein individueller Nachrichten-Mix ausgedruckt.

Was wird aus den Magazinen?

Relevante Titel wie der «Spiegel» oder «Time-Magazine» werden sich in beiden Welten behaupten können. Aber viele Magazine werden nur noch online erscheinen. Die veränderten Lesegewohnheiten, der Verlagerung der Werbeausgaben ins Web, am Ende sind es die Kosten von denen sie zu diesen Schritt gezwungen werden.

Man sagt ihnen nach, sie hätten bei ihren verschiedenen Engagements sehr viel Geld verbrannt. Filmproduzent Harvey Weinstein dürfte sein gescheitertes Investment in «Talk Magazine» gegen vierzig Millionen Dollar gekostet haben. Insgesamt sollen ihre Investoren mehr als zweihundertfünfzig Millionen Dollar verloren haben, weil sie einen nicht mehr zeitgemässen Luxus-Journalismus pflegten. Haben diese Kritiker recht?

Guter Journalismus ist teuer. Gute Autoren kosten Geld, gute Fotografen kosten Geld. Ich habe immer versucht anspruchsvolle Magazine zu gestalten und konnte dabei mit einigen der besten Köpfe des Journalismus zusammenarbeiten.

Heute ist niemand mehr bereit für diese Qualität zu zahlen, weil die Entwicklung des Internets zu einer explosionsartigen Vermehrung kostenlos verbreiteter Nachrichten geführt hat. Daher verlieren immer mehr Journalisten ihren Job. Sie versuchen als freie Journalisten zu überleben und nehmen absurde Risiken für eine schlecht bezahlte Story auf sich. Es ist eine Tragöde zu sehen, wie diese Journalisten in den Frontlinien angeschossen werden oder wie jetzt durch die Hand der IS-Terroristen ihr Leben verlieren.

Als Hohepriesterin des Sensationsgetriebenen Web-Journalismus, waren sie nicht ganz unschuldig an diesen Entwicklungen. Was gefällt ihnen jetzt nicht mehr am Internet?

Das Web ist die Zukunft. Es gibt keine andere Zukunft. Der Web-Journalismus wird den Print-Journalismus vor sich her treiben. Die Ideen und die Energien kommen aus dem Web.

Allerdings denke ich, dass die Menschen nach einer anderen Beziehung zu diesem Medium suchen. Für viele Menschen ist das Web nicht mehr nur Unterhaltung und Information. Es ist zu einem Mittel geworden mit dem sie gemeinsame Interessen vertreten können.

Allerdings werden über das Web nur virtuelle Kontakte hergestellt. Die Qualität einer persönlichen Begegnung kann das Web nicht ersetzen.

Die Leute sind müde von den Bildschirmen, sie wollen wieder raus, um andere Leute zu treffen. Das Web mobilisiert sie, es bringt die Massen auf die Strasse. Deshalb beschäftige ich mich heute mit der Produktion von Live Events.

Sie nennen das „Theatralischen Journalismus“. Was darf man sich darunter vorstellen?

«Tina Brown Live Media» ist ein journalistisches Unternehmen. Wir suchen, kuratieren und inszenieren Storys. Unsere Veranstaltungen vermitteln den Menschen Informationen als multimediales Live-Erlebnis. Es ist ein Unterschied, ob sie im Fernsehen einen fünfminütigen Bericht über das Schicksal einer syrischen Frau sehen oder ob sie diese Frau auf einer Bühne erleben, ihr während einer Stunde zuhören. Durch den Fernsehbericht entwickelt man keine emotionale Verbindungen zu diesen Dingen.

Finden sie es nicht bedenklich, eine vom Bürgerkrieg traumatisierte Frau auf die Bühne eines Theaters zu stellen und dafür Eintritt zu verlangen?

Jede Informationsvermittlung kostet Geld. Die narrativen Formen wie wir sie anwenden, sind jedoch in den typischen journalistischen Medien kaum noch umzusetzen.

Was soll also daran fragwürdig sein, wenn wir Frauen ein Podium bieten, auf dem sie über ihre Situation berichten und ihre Erfahrungen mit anderen Frauen teilen können?

Pussy Riot sind bei uns aufgetreten. Sie sprachen als Frauen und Mütter in der russischen Gesellschaft und im gleichen Moment als Aktivistinnen für unzählige andere Menschen, zum Beispiel für in Russland inhaftierte Journalisten.

Ist das glaubwürdiger als eine gut recherchierte Story?

Mit meinen Events versuche ich eine neue Form des Qualitätsjournalismus zu kreieren. Ich will ein Forum für die wirklich wichtigen Themen betreiben, das eine nachhaltige Ausstrahlung hat. Das habe ich zuletzt bei meiner Tätigkeiten in Medien vermisst.

Produzieren sie damit nicht nur Betroffenheits-Entertainment?

Neben den Gesprächsrunden und Vorträgen bieten wir Poesie, Tanz, Musik und Videoeinspielungen. Unsere Veranstaltungen sind multimedial. Warum sollten wir auf diese Möglichkeiten verzichten?

Glauben sie tatsächlich, mit solchen Events irgend eine Veränderung in dieser Welt erreichen zu können?

«Woman in the World» haben wir 2010 in einem kleinen Theater mit dreihundert Teilnehmerinnen in Midtown Manhatten begonnen. Heute kommen mehr als zweitausendfünfhundert Teilnehmerinnen pro Tag ins Lincoln Center. Bald werden wir eine globale Serie von Konferenzen und Events durchführen.

Wir vernetzten Frauen in der ganzen Welt, um deren Einfluss in ihren Gesellschaften zu stärken. Wir haben eine Stiftung gegründet und sammeln Geld für humanitäre Zwecke. Zudem kooperieren wir mit anderen Stiftungen wie dem «Malala» Fund oder «Vital Voices». Das ist unser bescheidener Beitrag.

Jetzt stellen sie in Zürich einen Event mit dem Titel «Woman of Impact» vor. Welche Ambitionen haben sie mit diesem Konzept?

Diese Veranstaltung ist eine vertikale Erweiterung von «Woman in the World». Wir wollen hier Entscheiderinnen in der Wirtschaft zusammenführen. Und nicht zufällig sind wir an das Zürcher Film Festival gekommen. Insbesondere in der Medienwelt tätige Frauen, können einen erheblichen Einfluss ausüben.

Betreiben sie nicht einen Deluxe-Feminismus, wenn sie wie jetzt in Zürich zu einem Galadiner erfolgreiche und reiche Jetsetterinnen einladen?

Wenn Juliette Binoche an diesem Abend über ihre Engagement für die Rechte der Frauen spricht oder über ihre Reisen in den Iran und Zusammenarbeit mit dem iranischen Regisseur Abbas Kiarostami, kann sie für die Unterstützung von Menschenrechtsaktivitäten bei denen werben, die geben können.

Ein an anderes Bespiel ist Angelina Jolie die unter dem «Woman of Impact»-Label eine Bewegung gestartet hat, die bessere Bildungs-Chancen für Mädchen erreichen soll. Angelina ist heute die weltweit wichtigste Botschafterin für humanitäre Anliegen. Ihr Aufruf hatte eine entsprechend grosse mediale Wirkung.

... hin zum Publikum. Doch hinter den Kulissen bleibt man unter sich.

«Woman in the World» ist für alle Frauen offen. «Woman of Impact» richtet sich tatsächlich auf einen kleineren Kreis, einflussreicher Frauen, wie die Schweizer Unternehmerin Caroline Müller-Möhl, die sich uns nach Zürich gebracht und sich uns mit ihrer eigenen Stiftung angeschlossen hat. Aber wie soll es anders gehen? Ohne solche Multiplikatorinnen werden wir nichts erreichen.

In der Film- und Medienbranche sind Frauen überwiegend vor der Kamera gefragt. Hinter der Kamera und in den Chefsesseln ist das weibliche Geschlecht noch weniger präsent, als in anderen Branchen. Wie wollen sie das ändern?

In dem wir zeigen, was möglich ist. Juliette ist ein gutes Beispiel. Sie ergreift die Initiative zu Filmen. Sie bringt Autoren und Financiers zusammen, um die Filme zu realisieren. Gleichzeitig ist sie Mutter von zwei Kindern. Sie ist das Ideal einer unabhängig agierenden Schauspielerin und Unternehmerin. Es sind solche Beispiele die inspirierend sein können.

Gerade erst haben sie ihr eigenes Unternehmen gegründet und verkünden gleichzeitig, ihre Memoiren zu schreiben. Das ist doch eigentlich ein Signal des Rückzugs?

Absolut nicht. Die Memoiren sind nur der Abschluss einer Lebensphase. Mehr nicht.

Was dürfen wir von ihren Memoiren erwarten? Getratsche? Enthüllungen?

Ich beschreibe die Evolution einer jungen Frau aus England, die in New York niemanden kannte, als sie kam um ihre Träume zu verwirklichen. Hierbei werde ich natürlich hinter die Kulissen des Geschäfts blicken, die Leser an meinen Gedanken teilhaben lassen. Und natürlich wird es Getratsche geben.

Also ein „ich habe es geschafft, du kannst das auch"-Buch, das sich an junge Frauen richtet?

Wenn ich sie mit meinen eigenen Erfahrungen ermutigen kann, warum nicht.

Sie kennen alle Tricks des Gewerbes, sie wissen, wie man die nicht immer perfekte Realität, sagen wir einmal, schön schreiben kann. Werden sie ehrlich sein?

Ich werde ehrlich sein.

Versprochen?

Das ist ein Versprechen.

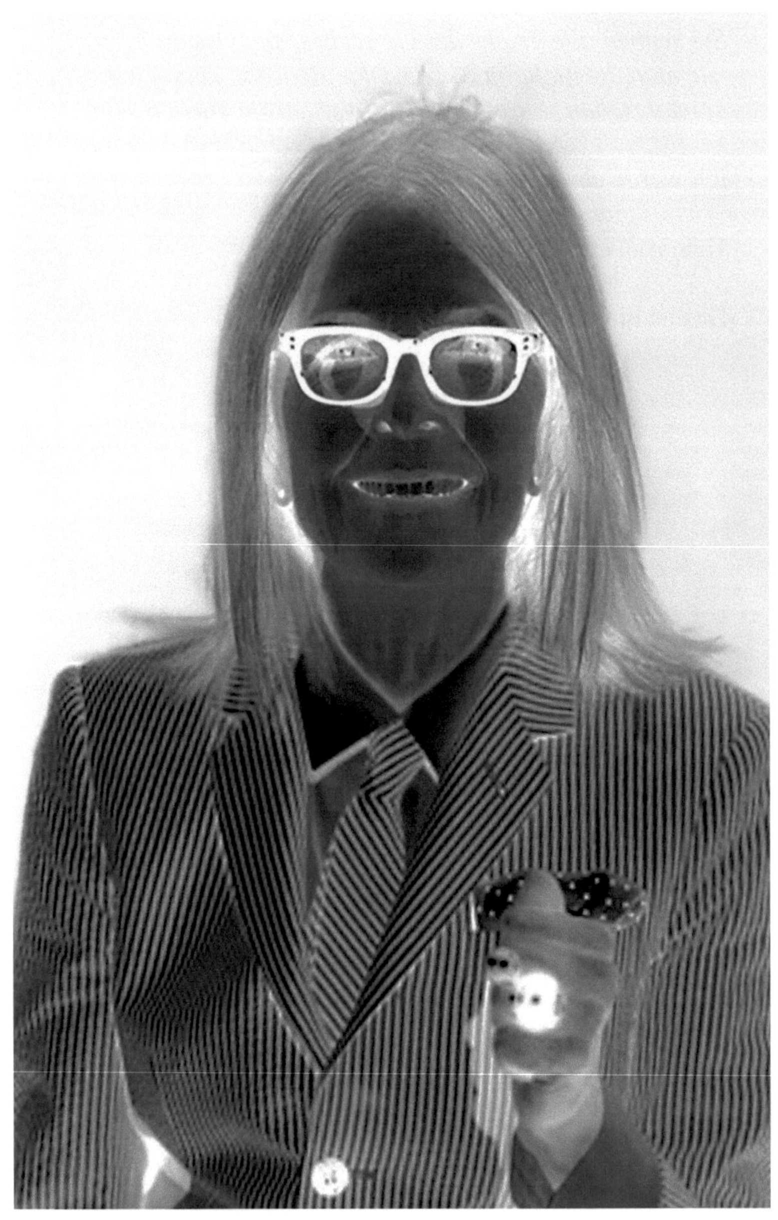

Ich liebe Pinterest.

Interview mit Diane Keaton. 2014

Wir sitzen an einem meterlangen Tisch, den man in einen Nebenraum einer Hotelsuite gezwängt hat. Später sollen hier Journalistengruppen Platz nehmen, die man im Zehnminutentakt durchschleusen wird. Mir wurde ein Einzelgespräch gewährt. Zwanzig Minuten.

Diane Keaton ist achtundsechzig. Obwohl sie seit Stunden Interviews gibt, wirkt sie frisch und konzentriert. Eine schlanke, bewegliche Frau, mit lebhaften Gesten, die in völliger Übereinstimmung mit ihrem so oft fotografierten, ikonographischen Look auftritt.

Sie trägt einen hellblau, weiss gestreiften Sommeranzug, eine in gleichem Muster gegenläufig gestreifte Krawatte, Einstecktuch, eine Brille mit breitem schwarzen Rand. Ein wenig too much sind die in Schachbrettmuster lackierten Fingernägel.

Diane Keaton ist an das «Zurich Film Festival» gekommen, um ihren neuesten Film vorzustellen und einen Preis für ihr Lebenswerk entgegenzunehmen. Routine für eine der erfolgreichsten Darstellerinnen des amerikanischen Kinos. Sie hat den Oscar sowie den Golden Globe als Hauptdarstellerin gewonnen und hat in filmhistorisch bedeutenden Produktionen mitgewirkt. Gleichzeitig gilt sie als geschäftstüchtig.

Aus dem Celebrity-Mittelmass hebt sie sich zudem durch ihre Tätigkeiten als Autorin, als Herausgeberin von Büchern über Fotografie und Architektur sowie als Interiordesignerin hervor.

Wollen wir ein wenig über Schönheit plaudern?

Sie retten meinen Tag! Aber wie kommen sie auf dieses Thema?

In Ihrem kürzlich erschienen, biografischen Buch «Let's say it wasn't pretty» haben sie geschrieben: „Wahrheit ist der Anfang einer langen Liste die nichts mit Schönheit zu tun hat. Es geht immer nur ums Überleben". Können sie mir das erklären?

Er hört sich tatsächlich ein wenig kryptisch an. Sie sind der erste, der diese Zeilen vorliest und ich habe mich gefragt, „das soll von mir sein"?

Fassen die beiden Sätze nicht den Inhalt ihres Buchs zusammen: Eine positivistische Weltsicht als Überlebenstraining?

Die Dinge unter dem Aspekt ihrer Schönheit zu betrachten ist nicht unbedingt positivistisch. Schönheit ist evolutionär. Wenn sie ein interessantes Leben haben wollen, müssen sie ihre Augen offen halten. Sie müssen lernen die Veränderungen von Schönheit wahrzunehmen, weil sich Schönheit ständig verändert.

Was sie an einem Punkt in ihrem Leben als schön oder attraktiv empfanden, wird sie wenige Jahre später irritieren. Auch im Hässlichen liegt Schönheit. Traurigkeit kann schön sein. Altern kann schön sein. Das ist jetzt Teil meines Lebens und ich empfinde Freude oder sagen wir Genugtuung, weil ich bereit bin, den Wandel meiner Sichtweisen anzunehmen.

In welchem Moment begann ihre Auseinandersetzung mit dem Begriff der Schönheit?

Schon als junges Mädchen hatte ich begriffen, dass ich mich selbst nicht an äusserlichen Attributen messen durfte, wenn ich erhobenen Hauptes durchs Leben gehen wollte.

Mir scheint es jedoch, als hätten sie ein sehr starkes Bedürfnis ihr Dasein zu ästhetisieren. Sie beschäftigen sich mit Architektur, richten Häuser ein, haben ein eigenes Label für Einrichtungsgegenstände. Ihre modische Selbststilisierung ist legendär und auch in ihren Filmrollen sind sie nicht bekannt für Deformationen, für Hässlichkeit und Leid.

Das ist eine interessante These. Ich habe meine Filme noch nie unter diesem Geschichtspunkt betrachtet. Aber Filme haben wenig damit zu tun, wie ich mich selbst sehe. Man wird für Rollen besetzt und ist damit Projektionsfläche für die Ideen des Regisseurs.

Jedenfalls sind die Rollen für mich keine vorsätzliche Form der Selbstinszenierung. Es geht mir nicht darum, wie ich mich selbst sehe. Mich interessiert viel mehr, wie ich die Dinge sehe, wie ich meine Sichtweisen verändere.

Ich will es an einem Bespiel erklären. Als ich jung war dachte ich Frank Lloyd Wright wäre mein lebenslanger Lieblingsarchitekt. Ich konnte mir gar nichts anderes Vorstellen, als seine Ästhetik für mich anzunehmen. Heute finde ich Schönheit ebenso in einem Industriepark ausserhalb von Anaheim.

Ein anderes Feld der Ästhetik auf dem sie sich bewegen ist Fotografie. Sie entdecken verschollene Schätze des Genres, publizieren Bücher über Fotografie und kuratieren Ausstellungen. Ihre Themenwahl lässt den Einfluss von Larry Sultan erkennen. Wie wichtig war er für sie?

Sehr. Larry war ein guter Freund. Ich habe ihn verehrt und er hatte definitiv Einfluss auf meine Arbeit. Projekte wie «Bill Wood's Business» wären ohne Larrys Schule nicht entstanden.

... Sie haben das Archiv des Fotografen und Fotounternehmers Bill Wood gekauft und haben diese Fotografien ausgestellt.

Ein hochinteressantes Projekt, weil Bill Wood nicht nur selbst fotografierte. Nach dem Krieg stattete seine Firma Amateur-Fotografen mit Kameras aus und half ihnen die Bilder zu bearbeiten. Mit dieser Popularisierung von Fotografie war er seiner Zeit weit voraus. Die Bildersammlung die damals entstand war so etwas wie ein frühes «Pinterest».

Wie man hört, sollen sie in «Pinterest» vernarrt sein.

Oh ja! Ich liebe «Pinterest». Es ist so verführerisch. Sie schauen ein Bild an das Sie zum nächsten führt und dann weiter zu einem anderen und sie landen an vollkommen unerwarteten Orten, in einer Küche oder einem Badezimmer. Ich verbringe Stunden damit.

Mein Buch «House» basiert auf Architektur, die ich auf diese Weise über das Internet kennenlernte. Zur Zeit lasse ich ein neues Haus für mich bauen. Darüber werde ich ein Buch machen dem ich den Titel «Das Haus das Pinterest baute» geben will. Viele Anregungen zu dem Haus habe ich über Blogs und meine virtuellen «Pinterest»-Hausbesuche gefunden.

Bitte beschreiben sie ihr Haus.

Es ein Ableger aus dem «House»-Buch. Eine Art von Farm oder Fabrik, zusammengesetzt aus verschiedenartigen Teilen. Das Vorhaben ist sehr komplex und wächst mir deswegen gerade ein wenig über den Kopf.

Wie steht es um ihre Sammlung von Clown Bildern?

Ein wunderbarer Zeitvertreib, ein pures Vergnügen all diese Bilder zusammenzutragen!

... die sie dann in Pittsburg, im «Andy Warhol Museum» ausstellten. Knallbunte, ungelenke Amateur-Bilder, die sie auf Flohmärkten gefunden haben. Manche haben die Ironie der Ausstellung nicht verstanden.

… und kein Mensch hat mein Clown-Buch gekauft.

Weil es ein Konzeptkunst-Projekt war?

Unglücklicherweise dachten das viele. Aber es war eigentlich nur ein Scherz, es war Kitsch, es war Ironie, wie Warhol sie liebte. Der Kurator sagte, die Ausstellung sei luxuriös und pervers. Vielleicht war sie das.

Als Fotografie-Student habe ich ihr Buch «Reservations» erworben.

Wie lange ist das her?

... mehr als dreissig Jahre. Die Arbeit an dem Buch soll damals ihre Faszination für Fotografie ausgelöst haben.

Ja, das begann zu dieser Zeit. Eigentlich suchte ich nur einen Vorwand, um ein paar Wochen durch die USA zu reisen. Ich fand einen Verleger mit dem ich vereinbarte, während dieser Reise Hotel-Lobbies zu fotografieren. Um mich einzustimmen begann ich Bücher über Fotografie zu kaufen.

Ihre Fotografien haben einen morbiden Charme,
sie sind melancholisch und sie zeigen nur leere Räume.
Die von ihnen herausgegebenen Fotografiebücher
widmen sich hingegen der menschlichen Existenz.
Verspürten sie nie den Wunsch, Menschen
zu portraitieren?

In den frühen neunziger Jahren bin ich auf dem Hollywood Boulevard herumgelaufen und habe Passanten fotografiert. Ich wollte Fotos machen, wie man sie von Winogrand oder Friedlander kennt. Ich war begeistert von dieser Idee. Doch schon am nächsten Tag musste ich erkennen, dass die Fotos nicht wirklich gut waren.

«Reservations» wurde hoch gelobt. Warum haben
sie nicht weiter gemacht? So weit ich weiss, ist es ihr
einziges Buch mit eigenen Fotografien geblieben.

Ich habe eher den ein wenig irrationalen Wunsch alle Fotografie-Bücher zu besitzen, die jemals veröffentlicht wurden. Und natürlich werde ich weiterhin Bücher über Fotografen herausgeben. Mein Respekt diesen Fotografen gegenüber ist jedoch zu gross, um ein neues, eigenes Buch zu veröffentlichen.

Sie sind eine Stil-Ikone. Reizt es sie nicht ein Buch über Mode oder Stilfragen zu machen? Die Menschen wären vielleicht dankbar für Ihre Hilfe.

Oh nein! Das kann ich mir wirklich nicht vorstellen. Natürlich ist es lächerlich wie manche herumlaufen. Schlechter Geschmack ist nicht zu heilen. Und wenn schon. Jeder sollte sich kleiden wir er will. Ich will niemanden kritisieren. Ich mag Rechthaberei nicht.

Jetzt will ich ihnen doch noch eine Film-Frage stellen. In ihrem letzten Film «And so it goes» spielen sie eine Sängerin, die bei sentimentalen Song Passagen in Tränen ausbricht. Was rührt sie in der Realität zu Tränen?

Musik. Musik transportiert Gefühle. Als Schauspielerin kann ich einen Song vielleicht stärker als andere Menschen wie einen Impuls empfinden, der Tränen auslöst. Ich kann mich dann vollkommen auf die Emotionalität der Musik einlassen.

In welchem Film haben sie geweint?

Ich habe in sehr vielen Filmen geweint. Zuletzt in «James Brown». Haben Sie den Film gesehen?

Ja, der Film hat das Zürcher Filmfestival eröffnet.

Chadwick Boseman ist fantastisch! Der Film hat so viele grossartige Momente. Das ist doch, was Kino ausmacht, diese unmittelbare Wirkung auf unsere Empfindungen.

Anhang

Erscheinungsweise der Publikationen.

Was Kunst soll.

Interview mit dem Künstler Jörg Immendorff (ungekürzte Fassung). Erschienen in dem Magazin OETZ, Düsseldorf, März 1980 sowie der Katalogpublikation SAMMLER, Düsseldorf, 1982.

Der Samariter.

Über den Kunstberater Helge Achenbach (ungekürzte Fassung). Als gekürzte Fassung erschienen in Hans Peter Riegel, IMMENDORFF Die Biographie, Aufbau Verlag, Berlin 2010, S.253 - 257.

Affenschande.

Über die dubiosen Geschäfte mit den Affen-Plastiken von Jörg Immendorff. Erschienen unter dem Titel «Zum Affen gemacht», in HANDELSBLATT, Düsseldorf, 19.9.2015.

Beuys war eine Energiequelle.

Interview mit Klaus Staeck (ungekürzte Fassung). Auszüge erschienen in Hans Peter Riegel, BEUYS Die Biographie, Aufbau Verlag, Berlin 2013

Für den Kunstmarkt gestorben.

Über den Wert von Beuys für den Kunstmarkt. Erschienen in HANDELSBLATT, Düsseldorf, 21.1.2016.

Die Versuchung der heiligen Marina.
Über die Künstlerin Marina Abramović.
Erschienen in DIE WELT AM SONNTAG,
Berlin, 4.5.2014.

Die Mutter Gottes der Kunst.
Über die Autobiografie von Marina Abramović
(ungekürzte Fassung).
Erschienen unter dem Titel «Die Berührbare»,
FOCUS, München, 19.11.2016.

Image.
Über die Vermarktung von Kunst
(ungekürzte Fassung).
Erschienen in
LEXIKON ZUR ZEITGENÖSSISCHEN KUNST
von Com Com, Biel 2010, S. 69.

Die Eminenz.
Über die Galeristin Eva Presenhuber.
Erschienen in DIE WELT AM SONNTAG,
Berlin, 15.6.2015.

Die Kunst zu Geld waschen.
Über den Kunstmarkt. Erschienen unter dem Titel
«Unschöne Künste», DIE WELT AM SONNTAG,
Berlin, 26.10.2014.

Die Connaisseure werden bleiben.
Interview mit Marc Spiegler,
Direktor der Art Basel. Vorgesehen als Ergänzung zu
«Unschöne Künste», für DIE WELT AM SONNTAG.
Nicht publiziert.

Der Schrott und die Stadt.
Über ein Kunstprojekt.
Vorgesehen als Magazin-Beitrag. Nicht publiziert.

Die Leute sind müde von den Bildschirmen.
Interview mit der Medien-Ikone Tina Brown.
Erschienen in DIE WELT AM SONNTAG,
Berlin, 18.10.2014.

Ich liebe Pinterest.
Interview mit der Schauspielerin und Gestalterin
Diane Keaton. Vorgesehen für einen
Magazin-Prototypen, Springer Verlag.
Nicht publiziert.

Fotografie
Hans Peter Riegel,
ausgenommen Foto S. 5, Tanja Hollenstein,
S.26, picture alliance

Gestaltung
Riverside Publishing

Der Autor

Hans Peter Riegel studierte audiovisuelle Medien, Fotografie sowie Kunstwissenschaft und Philosophie.

Von 1979 bis 1984 war er Assistent von Jörg Immendorff, dessen fotografischer und filmischer Dokumentarist sowie Partner bei Projekten und Publikationen.

In diesen Jahren entstand sein künstlerisches Frühwerk, ein umfangreiches fotografisches und malerisches Repertoire sowie erste Video-Arbeiten. Gleichzeitig war er als Autor für verschiedene Szene-Publikationen tätig.

Nach dem Examen und einem längeren Aufenthalt in New York begann Riegel 1984 eine Werbekarriere als Art Director und Texter. Seine künstlerische Arbeit beschränke sich in den Folgejahren auf die Fotografie.

Später leitete er namhafte Werbeagenturen und erhielt eine Reihe von Auszeichnungen für seine gestalterische Arbeit. 1997 verliess er die Werbebranche, wurde Unternehmensberater und entwickelte pionierhafte Projekte in den Bereichen Medien, Neue Medien und Kultur.

Seit 2003 ist Riegel wieder künstlerisch sowie als Autor tätig. Von 2003 bis 2008 hatte er unter dem Titel und Pseudonym SIS.TM ein Konzeptkunst-Projekt durchgeführt, das sich vor allem in Video-Arbeiten kritisch mit der Sozialisierung von Individuen im Internet auseinandersetzte. Damit zählt Hans Peter Riegel weltweit zu den ersten Künstlern, die sich mit dem Medium Internet und dessen gesellschaftlichen Einflüssen befassen.

2008 veröffentlichte er eine Textsammlung aus dem SIS.TM-Projekt mit dem Titel FLICKERING SUBJECTS.

2010 folgte IMMENDORFF - Die Biographie.
2013 erschien BEUYS - Die Biographie.

Die 600 Seiten umfassende Beuys-Biographie erregte weltweites Interesse und wurde zu einer der am häufigsten besprochenen Publikationen ihrer Art in der deutschsprachigen Literatur. Sie gilt heute als das Standardwerk zu Beuys.

Seit 2014 stellt Hans Peter Riegel wieder Medien-Kunst und Fotografie aus. Seine Arbeiten wurden von namhaften privaten und öffentlichen Sammlungen erworben.

2016 realisierte er mit einem Budget von nur 30'000 Franken den essayistischen Dokumentarfilm MEL. DAS ANDERE LEBEN, der im Februar 2017 Kinopremiere feierte. Der Film erhielt überaus positive Kritiken.

Im Sommer 2017 führte Hans Peter Riegel Regie bei dem experimentellen Spielfilm DRIFTED, zum dem er wie im Fall von MEL auch das Drehbuch verfasste, die Kamera führte und Musik schrieb.

Im Herbst 2017 wurde die ersten beiden Bände, von jetzt drei Bänden, seiner aktualisierten Beuys-Biographie veröffentlicht. Für 2021 ist ein vierter Band angekündigt.

Hans Peter Riegel ist nicht allein Künstler und Autor, er ist zudem als Stratgie-Berater, Medien-Unternehmer sowie Initiator und künstlerischer Leiter des Digital-Art-Festivals «DA Z DIGITAL ART ZURICH» tätig.

Hans Peter Riegel lebt in Zürich.

Hans Peter Riegel bei Riverside Publishing:

BEUYS - Die Biographie
Band1 / 1921 bis 1945
Paperback: ISBN 978-3-9524824-1-4
Hardcover: ISBN 978-3-9524824-6-9

BEUYS - Die Biographie
Band 2 / 1945 bis 1986
Paperback: ISBN 978-39524824-5-2
Hardcover: ISBN 978-39524961-0-7

BEUYS - Die Biographie
Band 3 / Dokumente
Paperback: ISBN 978-3-9524961-2-1
Hardcover: ISBN 978-3-9524961-4-5

IMMENDORFF - Die Biographie
Paperback: ISBN 978-39524961-3-8

FLICKERING SUBJECTS
Texte
eBook: ISBN 978-3-9524824-8-3

2010
Fotografien 2000 bis 2010
Hardcover: ISBN 978-3-033-03324-5

SOME
Fotografien1975 bis 1985
Hardcover: ISBN 978-3-033-03325-2